A SPIRITUAL LECTURE FROM
HANNAH ARENDT
ON HAPPINESS REVOLUTION

ハンナ・アーレント スピリチュアル講義
「幸福の革命」について

RYUHO OKAWA
大川隆法

本霊言は、2014年3月13日、幸福の科学総合本部にて、質問者との対話形式で公開収録された(写真上・下)。

ハンナ・アーレント スピリチュアル講義
「幸福の革命」について

A Spiritual Lecture from Hannah Arendt
On Happiness Revolution

Preface

This is the end of the political tradition and political philosophy. And also, this is the beginning of everything. Awakened new-age shall be built upon our "Happiness Revolution". That is, new resurrection of God's Love.

You'll soon know "who is new Isaiah" and "who is new Christ".

Now listen to this good news from Heaven.

I will invite all of you. However, only some are able to be chosen to be disciples to fulfill my mission.

May 20, 2014
Master
Ryuho Okawa

はじめに

　これで政治的伝統も政治哲学も終わりとなるのだ。そして、これこそが、すべての始まりとなる。覚者(かくしゃ)による新時代が、われらの「幸福の革命」の上に打ち樹(た)てられるのだ。つまり、神の愛が新しく復活するのだ。
　本書を読み進んでいけば、誰が新しきイザヤであり、誰が新しきキリストであるかがわかるだろう。
　今こそ天上界からのこの福音に耳を傾けるがよい。
　私は読者のすべてを導こうとしている。
　しかしながら、わが使命を成就するために、弟子として選ばれる人は限られるはずだ。

　　　　　　　　　　　　　　　　　　2014年5月20日
　　　　　　　　　　　　　　　　　　　　主
　　　　　　　　　　　　　　　　　　大川隆法(おおかわりゅうほう)

Contents

Preface 2

1 Summoning the Spirit of Hannah Arendt, a Critic of Totalitarianism 12

2 Spiritual Seminar Part 1 On Democracy 24

3 Spiritual Seminar Part 2 On Totalitarianism in East Asia 36

4 Spiritual Seminar Part 3 On Communism and Equality 58

5 Spiritual Seminar Part 4 On Japanese Socialism 74

6 Spiritual Seminar Part 5 On the Love of God and Justice of God 88

7 Spiritual Seminar Part 6 On Happy Science 100

8 The Love Between Arendt and Heidegger 112

9 As a Prophet of the New Age 118

10 After the Spiritual Message – Freedom and the Love of God 136

目　次

はじめに　3

1　全体主義の批判者アーレント女史を招霊する　13

2　スピリチュアル講義①　民主主義について　25

3　スピリチュアル講義②　東アジアの全体主義について　37

4　スピリチュアル講義③　共産主義と平等について　59

5　スピリチュアル講義④　日本的社会主義について　75

6　スピリチュアル講義⑤　「神の愛」と「神の正義」について　89

7　スピリチュアル講義⑥　幸福の科学について　101

8　ハイデガーとの愛を語る　113

9　「新時代の預言者」として　119

10　霊言を終えて──「自由」と「神の愛」　137

This book is the transcript of spiritual messages given by Hannah Arendt.

These spiritual messages were channeled through Ryuho Okawa. However, please note that because of his high level of enlightenment, his way of receiving spiritual messages is fundamentally different from other psychic mediums who undergo trances and are completely taken over by the spirits they are channeling.

It should be noted that these spiritual messages are opinions of the individual spirits and may contradict the ideas or teachings of the Happy Science Group.

The spiritual messages and questions were spoken in English.

本書は、ハンナ・アーレントの霊言を収録したものである。

　「霊言現象」とは、あの世の霊存在の言葉を語り下ろす現象のことをいう。これは高度な悟りを開いた者に特有のものであり、「霊媒現象」（トランス状態になって意識を失い、霊が一方的にしゃべる現象）とは異なる。

　ただ、「霊言」は、あくまでも霊人の意見であり、幸福の科学グループとしての見解と矛盾する内容を含む場合がある点、付記しておきたい。

　なお、今回、霊人や質問者の発言は英語にて行われた。

A Spiritual Lecture from Hannah Arendt

On Happiness Revolution

March 13, 2014 at Happy Science General Headquarters, Tokyo

ハンナ・アーレント スピリチュアル講義
「幸福の革命」について

2014年3月13日　東京都・幸福の科学総合本部にて

Hannah Arendt (1906 – 1975)

A political scientist and philosopher. She was born into a German-Jewish family. She studied philosophy at the Universities of Marburg, Freiburg, and Heidelberg under Martin Heidegger, Edmund Husserl and Karl Jaspers. She wrote her dissertation on the concept of love in the thought of Saint Augustine, and received a doctoral degree in philosophy at Heidelberg in 1928. After the Nazi assumption of power in 1933, she fled to Paris and engaged in supporting Jewish refugees there. In 1951, she became a naturalized citizen of the United States and released one of her main works, *The Origins of Totalitarianism*, which traced the roots of Nazism and Stalinism by focusing on both anti-Semitism and imperialism. Among her other major works are: *The Human Condition*, *On Revolution* and *Eichmann in Jerusalem: A Report on the Banality of Evil*.

Interviewers from Happy Science

Soken Kobayashi

Vice Chairperson of Public Relations and Risk Management, Honorary Advisor at Happy Science University*

Shugaku Tsuiki

Principal of Happy Science Institute of Government and Management

Hanako Cho

Manager of Second Editorial Division

※ Interviewers are listed in the order that they appear in the transcript. The professional titles represent the position at the time of the interview.

* The Application for the government approval will be submitted to the Ministry of Education for the establishment of Happy Science University (provisional name) in 2015. Therefore, this appointment is a tentative title.

ハンナ・アーレント（1906 － 1975）

政治学者・哲学者。ユダヤ系ドイツ人として生まれる。18歳でマールブルク大学に入学し、マルチン・ハイデガーに学ぶ。その後、フライブルク大学でエドムント・フッサールに、ハイデルベルク大学でカール・ヤスパースに学ぶ。1928年、ヤスパースのもとで、アウグスチヌスの愛の概念についての論文を執筆し、博士学位を取得。1933年にナチス政権が成立した後、パリに逃れ、ユダヤ人の救援活動に従事。1951年、米国に帰化。同年、主著である『全体主義の起源』を発表し、反ユダヤ主義と帝国主義に焦点を置いて、ナチズム、スターリニズムの根源を突き止めた。他の著書に『人間の条件』『革命について』『イェルサレムのアイヒマン』などがある。

質問者（幸福の科学）

小林早賢（こばやしそうけん）（広報・危機管理担当副理事長 兼
　　　　　＊幸福の科学大学名誉顧問）

立木秀学（ついきしゅうがく）（HS政経塾長）

長 華子（ちょう はなこ）（第二編集局チーフ）

※質問順。役職は収録当時のもの。
＊幸福の科学大学（仮称）は、2015年開学に向けて設置認可申請予定につき、大学の役職については就任予定のものです。

1 Summoning the Spirit of Hannah Arendt, a Critic of Totalitarianism

Ryuho Okawa Guten Morgen.

Audience Guten Morgen.

Ryuho Okawa Today, I would like to invite Hannah Arendt, a famous political philosopher who was born in Germany as a Jewish, and escaped from Germany because it was Nazism. She emigrated to the United States of America and became a University lecturer. And finally, she became a professor at the New School for Social Research.* In the beginning, she studied at the University of Marburg, and then at Heidelberg University and the University of Freiburg.

---

* A private institution of higher learning established in 1919 by a group of American scholars and educationalists, such as John Dewey, a philosopher.

1　全体主義の批判者アーレント女史を招霊する

大川隆法　グーテン・モルゲン（ドイツ語で「おはようございます」の意）。

会場　グーテン・モルゲン。

大川隆法　今日は、ハンナ・アーレントをお招きしたいと思います。高名な政治哲学者で、ユダヤ人としてドイツに生まれ、ヒトラーのナチズムのため、ドイツから亡命しました。アメリカ合衆国に移住して大学の講師になり、最終的に、ニュー・スクール・フォー・ソーシャル・リサーチ（注）の教授に任命されました。最初はマールブルク大学で学び、その後、ハイデルベルク大学とフライブルク大学で学びました。

（注）1919年に、哲学者ジョン・デューイなどの、アメリカの知識人や教育者によって創設された高等教育機関。

1 Summoning the Spirit of Hannah Arendt, a Critic of Totalitarianism

Topically, I dare say that she learned from Heidegger[*] and Karl Jaspers,[**] very famous philosophers. Heidegger and Arendt were, how do I say… they fell in love, but it's a public secret. So Heidegger sent her to Heidelberg University, and Jaspers taught her. Under the instruction of Karl Jaspers, she made a graduating report on the concept of love of St. Augustine,[***] and

* Martin Heidegger (1889-1976)
A German philosopher and one of the most influential philosophers of the 20th century. One of his major works is *Sein und Zeit* (Being and Time), which was written in 1927. His spiritual message was recorded at Happy Science in March 2014.

（注1）マルチン・ハイデガー（1889 - 1976）
ドイツの哲学者。20世紀でもっとも影響力のあった哲学者の一人。代表作に『存在と時間』（1927）がある。幸福の科学において霊言も収録している（2014年3月）。

** Karl Jaspers (1883-1969)
A German psychiatrist and philosopher. He is one representative of the philosophy of existentialism.

（注2）カール・ヤスパース（1883 - 1969）
ドイツの精神科医・哲学者。実存主義哲学の代表的存在の一人。

1　全体主義の批判者アーレント女史を招霊する

　トピックとして、あえて言いますと、アーレントは非常に有名な哲学者のハイデガー（注1）とカール・ヤスパース（注2）に学びました。ハイデガーとアーレントは、何と言いますか……恋に落ちたわけですが、これは公然の秘密です。そのため、ハイデガーは彼女をハイデルベルク大学に送り、ヤスパースが彼女を教えました。彼女はヤスパースの指導のもとで、聖アウグスチヌス（注3）の愛の概念

*** Saint Augustine(354-430)
An early Christian theologian and philosopher. His works were very influential in the development of Western Christianity and Western philosophy. He was canonized.

（注3）聖アウグスチヌス（354 - 430）
古代キリスト教の神学者。彼の著作は、西欧キリスト教と西洋哲学の発展において、多大な影響力を有した。聖人。

this was the starting point of her political philosophy. And after that, she went to America, fought against Nazism and fascism, and wrote a lot of books.

The famous one is *The Origins of Totalitarianism*. It had opened the secret of Nazism. Nazism was from anti-Semitism. Anti-Semitism means "anti-Jewish-ism." She wrote about anti-Semitism, totalitarianism, authoritarianism and so on.

Today, our political environment is very close to her concept. We are now arguing about the concept of, for example, imperialism, totalitarianism and authoritarianism, and about the historical recognition of World War II.

For example, the South Korean president and the Chinese president say that the Japanese people and Japanese authority have forgotten about the historical recognition of the imperialistic intrusion by Japanese Imperial Army during World War II. Some say, "Prime Minister Abe of Japan looks like Adolf Hitler," some say, "Kim Jong-un of North Korea is Hitler," some say, "Xi Jinping must be Adolf Hitler" and others say,

についての卒業論文を作成し、これが彼女の政治哲学の出発点となりました。その後、アメリカに渡り、ナチズムやファシズムと戦いながら多くの本を書きました。

有名なのは、『全体主義の起源』です。この本は、ナチズムの秘密を解き明かしました。ナチズムは、アンチ・セミティズムから来ていました。「アンチ・セミティズム」とは、反ユダヤ主義という意味です。彼女は、反ユダヤ主義や全体主義や独裁主義などについて書いたわけです。

今日、私たちが置かれている政治的状況は、彼女の概念に非常に近くなってきています。私たちは今、例えば帝国主義、全体主義、独裁主義といった概念や、第二次世界大戦の歴史認識について議論しているところです。

例えば、韓国の大統領や中国の国家主席が、「日本人も日本の当局も、第二次世界大戦中の日本の帝国陸軍による帝国主義的侵略に関する歴史認識を忘れている」と言っています。「日本の安倍首相がアドルフ・ヒトラーのように見える」と言う人もいますし、「北朝鮮の金正恩はヒトラーだ」と言う人もいます。「習近平がアドルフ・ヒトラーに違いない」と言う人もいれば、「ロシアのプーチン大統領こそ、"アドルフ・ヒトラーⅡ世"と称されるべき最終候

1 Summoning the Spirit of Hannah Arendt, a Critic of Totalitarianism

"President Putin of Russia is the final candidate entitled to become Adolf Hitler II."* So the criterion of a dictator is very difficult today.

Abe Shin Souri Spiritual Interview [New Prime Minister Abe Spiritual Interview] by Tokyo, IRH Press, 2012.

『安倍新総理スピリチュアル・インタビュー』

Kokka Shakai Shugi towa Nanika [What is National Socialism?] by Tokyo, IRH Press, 2010.

『国家社会主義とは何か』

『金正恩の本心直撃！』（2013、英訳は右書籍）

Exposing North Korea's Menacing Leader by IRH Press, 2013.

* At Happy Science, the true thoughts of the guardian spirits of Shinzo Abe, Kim Jong-un, Xi Jinping and Vladimir Putin and the spirit of Adolf Hitler have been revealed during a spiritual message recorded. The books have been published under the names above.

1　全体主義の批判者アーレント女史を招霊する

補だ」と言う人もいます（注）。ですから現代では、独裁者に関する基準は、非常に難しいものがあります。

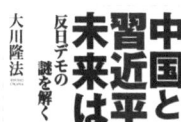
『中国と習近平に未来はあるか』（2012、英訳は右書籍）

China's Hidden Agenda by IRH Press, 2012.

Russia Putin Shin Daitoryo to Teikoku no Mirai [President Putin and the Future of Russia] by Tokyo, IRH Press, 2012.

Putin Daitoryo no Shin Shugorei Message [A New Message from President Putin] by IRH Press, 2014.

『ロシア・プーチン新大統領と帝国の未来』（2012）

『プーチン大統領の新・守護霊メッセージ』

（注）幸福の科学では、安倍晋三、金正恩、習近平、ウラジーミル・プーチンらの守護霊や、アドルフ・ヒトラーの霊言を収録し、上記の書籍として出版、彼らの本心を明らかにしている。

19

Hannah Arendt, herself, suffered a lot of difficulties through the age of darkness amid World War II. From the standing point or the viewpoint of Hannah Arendt, how does she see this political phenomenon surrounding Japan now? And what does she want to say about the Japanese new political party, the Happiness Realization Party, which we set up about four or five years ago and are still working on now? How about her opinion on the Abe regime? He aims at remaking Japan into a stronger Japan, and "Japan is back" is his slogan. Is this the same policy as Hitler's Nazism or not? Is this a normal policy or an abnormal policy? Is what China's saying correct or not? Or, is South Korea's President Park Geun-hye[*] (on next page) correct or not? I want to know about these things. Additionally, if possible, we want to get several advice from her about our political movement.

If possible, we will make conversation in English, but if it's difficult, you can use Japanese. I can understand Japanese, so I will transfer it to her. She will

1　全体主義の批判者アーレント女史を招霊する

　ハンナ・アーレント自身も、第二次世界大戦中の暗黒時代に数多くの困難を経験しました。ハンナ・アーレントの立場や視点からは、今の日本を取り巻く政治状況は、どう見えるのでしょうか。また、私たちが４〜５年前に設立し、今も活動中であるところの日本の新たな政党、幸福実現党については、何を言いたいと思っているでしょうか。安倍政権についての考えはいかがでしょうか。彼は、もっと強い日本に作り直すことを目指して「ジャパン・イズ・バック（日本は戻ってきた）」というスローガンを掲げています。これはヒトラーのナチズムと同じ政策なのか、違うのか。政策として正常なのか、異常なのか。中国が言っていることは正しいのかどうか。あるいは、韓国の朴槿惠(パククネ)大統領（次ページ注）は正しいのかどうか。こうしたことを知りたいと思います。加えて、もし可能であれば、私たちの政治活動について、いくつかアドバイスをいただけたらと思います。

　もし可能であれば、英語で会話しようと思いますが、それが難しければ、皆さんは日本語を使っても構いません。私は日本語が分かるので、それを彼女に伝えます。彼女は

answer in English or in Japanese. Sometimes she will use German, Latin or Greek, but don't hesitate to hear these words. Please disregard those, and please point out very important parts only.

That's all. Then, shall we begin?

(About 10 seconds of silence)

Ryuho Okawa Ms. Hannah Arendt, Ms. Hannah

* Park Geun-hye (1952-)
The 11th president and the first woman president of the Republic of South Korea. Incumbent president since February 2013. Messages from her guardian spirit were recorded at Happy Science twice. See *South Korea's Conspiracy* by IRH Press, 2013, and *Why I Am Anti-Japan* by IRH Press, 2014.

英語か日本語で答えると思います。ドイツ語かラテン語かギリシャ語を使ってくることもあるかもしれませんが、そういう言葉を聞いても、ひるまないでください。それについては気にせず、大事な部分だけを指摘してください。

　前置きは以上とします。それでは始めますか。

(約10秒間の沈黙)

大川隆法　ハンナ・アーレント女史、ハンナ・アーレント

(注)朴槿惠 (1952-)
第18代韓国大統領で、女性として初の大統領となる。2013年2月より現職。幸福の科学では、彼女の守護霊の霊言を3回収録し、2冊刊行している。『安重根は韓国の英雄か、それとも悪魔か』(幸福の科学出版刊)、『朴槿惠韓国大統領　なぜ、私は「反日」なのか』(同) 参照。

Arendt, would you kindly come over to Happy Science General Headquarters? We invite you and want to ask you a lot of questions. So, would you come here and give advice? We need your spiritual advice. Please come down and speak in English, if possible.

(About 15 seconds of silence)

2 Spiritual Seminar Part 1 On Democracy

Hannah Arendt Ahh… Ahh...

Soken Kobayashi Good morning.

Arendt Good morning.

Kobayashi May I confirm that you are Professor

女史、どうか幸福の科学総合本部にお越しください。あなたをお招きして、いろいろ質問させていただきたいと思います。どうかお越しいただき、アドバイスをお願いできますでしょうか。私たちは、あなたの霊的助言を必要としております。どうかお越しいただき、できれば英語でお話しください。

(約15秒間の沈黙)

2　スピリチュアル講義①　民主主義について

ハンナ・アーレント　ああ……ああ……。

小林早賢　おはようございます。

アーレント　おはようございます。

小林　ハンナ・アーレント教授に間違いございませんで

Hannah Arendt?

Arendt Ex-professor Hannah Arendt.

Kobayashi Ex-professor Hannah Arendt. Thank you very much for coming down to earth and coming over to Happy Science General Headquarters for a spiritual interview on Happiness Revolution. This maybe the new version of your splendid work, *On Revolution*.

Arendt Oh, your Japanese is very nice.

Kobayashi Thank you.

Arendt Almost English. Oh, splendid!

Kobayashi Thank you very much. We appreciate you very much, because Master Okawa told us that he

しょうか。

アーレント　元教授のハンナ・アーレントです。

小林　ハンナ・アーレント元教授、本日は、「幸福の革命について」のスピリチュアル・インタビューのために、地上に降りて、幸福の科学総合本部までお越しいただき、まことにありがとうございます。あなたの『革命について』という素晴らしいご著書の"新バージョン"になるかもしれません。

アーレント　あら、あなたの"日本語"はたいへん素晴らしいですね。

小林　ありがとうございます。

アーレント　ほぼ英語に近いですね。ああ、大したものです！

小林　どうもありがとうございます。私たちは、あなたにたいへん感謝しております。というのは、大川総裁が、大

referred to you or your work a lot in his college days.*
So we, including all in the audience, respect you very much.

Arendt Oh, thank you very much.

Kobayashi There are a lot of areas of issues and themes we want to interview you about this time. But before getting down to today's main issues such as

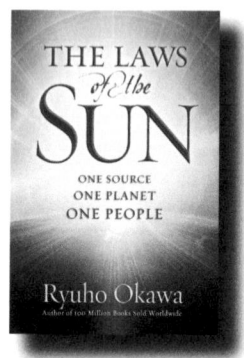

* See Chapter 6 of *The Laws of the Sun* by IRH Press, 2013.

学時代にあなたやあなたの著作を大いに参考にされたと話されているからです(注)。ですから、ここにいる聴衆全員も含めて、私たちは、あなたをたいへん尊敬しております。

アーレント　ああ、どうもありがとうございます。

小林　今回は、お伺いしたい問題やテーマの分野がたくさんあります。ですが、本日の本題である、アジアにおける全体主義、中東での革命、日本の安倍政権についてなどに

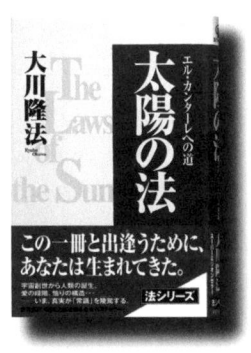

(注)　『太陽の法』第6章(幸福の科学出版刊)参照。

totalitarianism in Asia, revolution in the Middle East, the Abe administration in Japan, etc., may I ask one question as a kind of demonstration? Could you tell us about the premise of our issues; that is, about the ideal of ancient Greek democracy?

Arendt Ancient Greek democracy?

Kobayashi Yes, on the ideal of ancient Greek democracy that you admired in your old works.

Arendt Uh huh, uh huh.

Kobayashi Because… or, are you interested in today's issue?

Arendt You want to become my student? I need one year to lecture you about that.

Kobayashi I have one short question. You described

2　スピリチュアル講義①　民主主義について

入る前に、ある種の証明として、ひとつ質問をしてよろしいでしょうか。本日のテーマの前提となる、古代ギリシャの民主主義の理想について、お話しいただけますでしょうか。

アーレント　古代ギリシャの民主主義ですか。

小林　はい、あなたが初期の著書の中で称賛しておられた古代ギリシャ民主主義の理想についてです。

アーレント　ええ、ええ。

小林　なぜなら……それとも、今日的な問題に関心がおありなのでしょうか。

アーレント　私の生徒になりたいわけですか。それについて講義するには一年かかりますよ。

小林　ひとつだけ短い質問をさせてください。あなたは、

the ideal of ancient Greek democracy. That is, Truth governs democracy. Not that democracy is a kind of Truth, but that it is…

Arendt OK, OK. That's enough. OK.

Utopia means 'nowhere' in English. And 'nowhere' must be replaced by another term. Another term for it is 'ancient Greek democracy.' That is Utopia of mine. Do you understand (laughs)?

Kobayashi It's very difficult. Very difficult, I think.

Arendt No one saw ancient Greek democracy. It's a legend today.

Kobayashi But you described it in your prestigious work, *Between Past and Future*.

Arendt OK. I know that, of course. Yes.

古代ギリシャ民主主義の理想を描写されました。すなわち、真理が民主主義を支配するということです。民主主義がひとつの真理であるということではなく、つまり……。

アーレント　はい、はい。もう十分です。分かりました。
　ユートピアとは、英語で言えば「どこにもない」という意味です。「どこにもない」というのは、別の言葉に言い換えないといけません。その別の言葉が、「古代ギリシャの民主主義」です。それが私の言うユートピアです。お分かりでしょうか（笑）。

小林　非常に難解です。非常に難解かと思います。

アーレント　古代ギリシャの民主主義を見たことがある人は、一人もいません。今となっては"伝説"ですよ。

小林　ですが、あなたは、名高い『過去と未来の間』のなかで、それについて描写されています。

アーレント　そうですよ。もちろん、分かっています。はい。

Kobayashi So, I expect you to explain again for the people of Japan, and for the people of the world.

Arendt Of course I know about that concept. But in ancient Greece, democracy was made by thousands or tens of thousands of people. It's a small town or city level. Now, we have billions of people in the world, so the meaning of democracy is quite different. If you had, for example, only several hundred people in a village, you can easily get to know each other and argue about important issues. And, of course, you can vote easily and decide on something easily.

But nowadays, things have changed a lot. A huge number of people are gathering around gigantic empires like the United States, China, Russia and Europe. In these gigantic empires, people cannot discuss with each other, I mean, person by person. So, it's very difficult. The ideal of democracy just means 'a meeting' or 'the effectiveness of direct meeting.'

However, this is very difficult. Now, this is replaced

2　スピリチュアル講義①　民主主義について

小林　ですから、日本人および世界の人々のために、もう一度ご説明いただきたいと思うのですが。

アーレント　もちろん、その概念は知っていますよ。けれども古代ギリシャでは、民主主義は数千人から数万人の人々から成り立っていました。小さな町とか市のレベルです。今は世界に何十億もの人々がいますから、民主主義の意味がまったく異なっているわけです。たとえば、村に何百人かしか人がいないのであれば、互いに知り合うことは簡単ですし、重要な問題も話し合えます。もちろん投票も簡単にやれますし、物事を決めるのも簡単です。

　しかし現代では、事情が大きく変わりました。非常に多くの人々が、米国や中国やロシアやヨーロッパといった巨大帝国に集まっています。こうした巨大帝国では、互いに議論し合うことは、要するに一人ひとりが話し合うことは、できません。ですから非常に難しいのです。民主主義の理想は、まさに「話し合う」ということなのです。直接会って話し合うことの有効性を意味しているのです。
　けれども、それが非常に難しくなっています。今や、新

by newspapers, TV shows, radio talk and other Internet tools, so the situations are very different. Therefore, if you seek the ideal of ancient Greek democracy, you will fall in a deep hole of Hell or some kind of deep pond of politics. So, this is one idea, but don't misunderstand that the ancient Greek democracy can reappear in this world again.

3 Spiritual Seminar Part 2
On Totalitarianism in East Asia

Kobayashi Thank you. Then, I'd like to move to one of today's main issues. As you just mentioned, on the gigantic empires.

Arendt Hmm, yes.

Kobayashi For example, in the context of totalitarianism

聞や、テレビのショーや、ラジオのトークや、インターネットツールに取って代わられたので、状況が大きく異なっているのです。したがって、古代ギリシャの民主主義の理想を求めたりしたら、"地獄(じごく)の深い穴"の中に、あるいは政治の世界における"深い池"の中に落ちてしまうでしょう。ですから、一つの理念ではありますが、「古代ギリシャの民主主義がこの世に再び出現し得る」などという思い違いをしてはいけません。

3　スピリチュアル講義②　東アジアの全体主義について

小林　ありがとうございます。では、今日のメインの論点の一つに移りたいと思います。まさに、あなたが今おっしゃった、巨大帝国についてです。

アーレント　ああ、はい。

小林　たとえばアジアでは、全体主義という観点から言え

3 Spiritual Seminar Part 2 On Totalitarianism in East Asia

in Asia, it's concerning China.

Arendt Totalitarianism?

Kobayashi Yes.

Arendt Hmm… Yes.

Kobayashi Yes. Some people say, "Abe administration of Japan is dangerous because of its aspects of totalitarianism." But we, Happiness Realization Party, are afraid that China itself, or Communist Party of China itself, is totalitarianism. So, could we have some comments from you on today's or 21st century's totalitarianism, especially in Asia?

Arendt Hmm. It's very difficult to define. Is China a totalitarian country or not? If we are to argue about that, we must know a lot about their country. For example, in the southern part of China, there can be

ば、中国でしょう。

アーレント　全体主義ですか。

小林　はい。

アーレント　うーん……はい。

小林　はい。「日本の安倍政権には全体主義的側面があるので危険だ」と言う人たちがいます。ですが、私たち幸福実現党は、中国そのものが、あるいは中国共産党そのものが全体主義なのではないかと危惧しています。そこで、現代の、21世紀の、特にアジアにおける全体主義に関して、お話しいただけますでしょうか。

アーレント　うーん。定義が非常に難しいですね。中国が全体主義国家であるか否(いな)か。それを論じるには、中国についていろいろ知っていないといけません。たとえば中国南部には、全体主義の兆候は見られません。そこに出て来

seen no sign of totalitarianism. There appears capitalism itself. New capitalism. Freedom for prosperity, we can see. So, if totalitarianism is defined by political viewpoint only, we must look at their political decision-making process.

But even in China, no one can be like the emperor of Qin, the original emperor of China. Even Xi Jinping, if someone assassinated him, another person can easily replace him today. So, the definition is very difficult. He is not living like Adolf Hitler at this point. In the near future, I don't know, but at this point only, I can say that he is one of the Chinese-transformed democratic leaders.

Kobayashi Chinese-transformed democratic leader?

Arendt Yes.

Kobayashi I think you mean that the system itself is

いるのは、資本主義そのものです。新たな資本主義です。繁栄を求める自由が見て取れます。ですから、全体主義というものが政治的観点からのみ定義されるとすれば、彼らの政治的な意思決定プロセスを見ないといけません。

けれども、たとえ中国であっても、秦の皇帝、シナ（中国）の最初の皇帝のようになれる人は誰もいないんです。習近平でさえ、もし誰かに暗殺されても、今日にでも他の人が簡単に取って代わることができます。ですから、定義が非常に難しいですね。彼は現時点では、アドルフ・ヒトラー的な人生を歩んではいません。近い将来のことは分かりませんが、現時点に限って言えば、彼は中国的に変形された民主主義的指導者の一人であると言えますね。

小林　「中国的に変形された民主主義的指導者」ですか。

アーレント　はい。

小林　つまり、システム自体が、非常に問題ありというこ

very troublesome. Not a personal matter, but a system matter. Because even if Xi Jinping falls, another one will come. This is very, very dangerous to us.

Arendt Japan can also be seen like that.

Kobayashi You're saying that you view Japan like that, too?

Arendt Your prime minister can be changed by another one in only one year. Replaced by another person.

Kobayashi But chosen by election.

Arendt Yes, in China, also.

Kobayashi Hmm, formally?

Arendt Formally, yes.

とですね。個人の問題ではなく、システムの問題であると。なぜなら、もし習近平が倒れても、別の人間が出てくる。これは我々にとって、非常に非常に危険です。

アーレント　日本も、似たようなものに見えますよ。

小林　日本のことも、そのようにご覧になるとおっしゃるのですか。

アーレント　日本の首相も、わずか一年で別の人に替わることができますよね。別の人に取って替わられるでしょう。

小林　しかし、選挙で選ばれます。

アーレント　はい、中国でもそうですよ。

小林　うーん、形式上は、ですよね。

アーレント　形式上ですね、ええ。

Kobayashi But the result is…

Arendt Formally in Japan, also.

Kobayashi You mean, the mass media decides the prime minister?

Arendt Yes, the mass media and the leading party decided (the prime minister) already.

Kobayashi (To Tsuiki) Go ahead.

Shugaku Tsuiki Thank you for giving me the opportunity to talk with you.

Arendt (Laughs) Nice guy.

Tsuiki (Laughs) Thank you very much (audience laughs). As I heard you speak, I think you are not aware of the lack of freedom in China. There is no freedom

3 スピリチュアル講義② 東アジアの全体主義について

小林　しかし、その結果が……。

アーレント　日本でも、形式的なものでしょう。

小林　マスメディアが（首相を）決めるという意味ですか。

アーレント　ええ、マスメディアと第一党が、すでに決めてしまっています。

小林　（立木に向かって）どうぞ。

立木秀学　お話しできる機会をいただき、ありがとうございます。

アーレント　（笑）素敵な男性ですね。

立木　（笑）どうもありがとうございます（会場笑）。お話を伺っていますと、中国では自由が存在しないということに、お気づきではないように思います。中国では、政府を

to criticize the government in China. But in Japan, we have this freedom. So, we think that Japanese regime is very different from Chinese regime. What do you think of that?

Arendt For example, on the NHK matter[*] as you know, some say, "The Japanese prime minister decides everything himself." They see this as if the Japanese government is aiming at controlling Japanese journalism and wants to make a totalitarian state in the near future.

---

[*] Katsuto Momii, the president of Nihon Hoso Kyokai [Japan Broadcasting Corporation], gave his opinion on things like the military comfort women problem, Special Secrecy Law and others at his inaugural press conference on January 25th, 2014. This provoked a wide debate. Messages from his guardian spirit was recorded at Happy Science (See *NHK Shin-kaicho Momii Katsuto Shugorei Honne Talk Special* [A Special Program on the True Thoughts of the Guardian Spirit of New NHK President Katsuto Momii] by IRH Press, 2014).

批判する自由がありません。しかし日本では、その自由があります。ですから、日本の体制は中国の体制と大きく異なっていると思われます。その点については、どうお考えですか。

アーレント　たとえば、例のNHK問題（注）で、「日本の首相は何でも自分で決めてしまう」と言っている人がいます。彼らには、日本政府が日本のジャーナリズムを支配しようとしていて、近い将来、全体主義国家を目指しているように見えているわけです。「それが安倍政権だ」と言っ

（注）NHK会長の籾井勝人氏が、2014年1月25日の就任記者会見において、従軍慰安婦問題や特定秘密保護法などについて自身の見解を述べ、物議を醸した。幸福の科学では、彼の守護霊の霊言を収録している。『NHK新会長・籾井勝人守護霊本音トーク・スペシャル』（幸福の科学出版刊）参照。

"This is the Abe regime," they say. And you cannot respond effectively on this point. This is, for example, something that the *New York Times*, the *Wall Street Journal* and other American journalism pointed out already.

Kobayashi Do you agree with those editorials?

Arendt I don't know exactly, but there is some kind of crisis in the Abe regime because he has some kind of... how do I say, he likes one prototype behavior. He cannot see things from a lot of aspects. He only wants to do one thing through his political belief. That's the tradition of his political family. Everyone knows the tendency of Mr. Abe, but no one can stop his behavior. So, it's your arguing point. I guess so. At the point, you Japanese people have never succeeded in persuading American journalism. This is inviting grave concern from them, but there is no one who can effectively persuade them.

3　スピリチュアル講義②　東アジアの全体主義について

ています。あなたがたは、こうした点について、効果的に答えることができていませんね。これは、たとえばニューヨークタイムズや、ウォールストリートジャーナルや、他のアメリカのジャーナリズムが、すでに指摘していることです。

小林　あなたは、そうした論説に賛成なのでしょうか。

アーレント　正確には知りませんが、安倍政権にはある種の危険性があります。と言いますのは、彼は何らかの……何と言うか、一定の型にはまった行動が好きなんですね。物事をいろいろな面から見ることができないんです。自分の政治信条に従って、一つのことだけ成し遂げようとしています。それが、彼の政治家の家系の伝統なんです。みんなが安倍さんの傾向を分かっているのに、誰も彼の行動を止めることができません。ですから、そこが論点なのではないでしょうか。この点に関して、あなたがた日本人はアメリカのジャーナリズムを、まったく説得できていません。彼らは重大な懸念を抱くに至っていますが、彼らを説得して効果を上げることのできる人がいないのです。

Kobayashi I think we are now in the process of persuading American journalism. And we expect to...

Arendt I hope so, too, of course.

Kobayashi And from our viewpoint, American journalism and American government have concealed past facts of World War II or the meaning of World War II. So, now, we would like to pick up this point and start a discussion.

Arendt Hmm, OK. Hitler's Nazism and Japanese "Tojo-ism" made close friendship. Could you explain about that?

Kobayashi Yes. Now... Hmm. It's like a classroom or a seminar session to me. (Laughs) You are questioning...

Arendt This is a lecture.

3　スピリチュアル講義②　東アジアの全体主義について

小林　私たちが今、アメリカのジャーナリズムを説得している最中であると思っています。そして、望むらくは……。

アーレント　私も当然、そうなればいいと願っていますよ。

小林　そして、私たちの観点からすれば、アメリカのジャーナリズムやアメリカ政府は、第二次世界大戦の過去の事実や第二次世界大戦の意味を隠蔽してきました。ですから今こそ、その点を取り上げて、議論を始めたいと思っています。

アーレント　うーん、分かりました。ヒトラーのナチズムと日本の東條イズムは、密接な友情関係を築いていました。これについて説明していただけますか。

小林　はい。では……うーん。まるで授業かセミナーみたいですね（笑）。あなたが私に質問して……。

アーレント　これは講義ですから。

Kobayashi You are trying me, but…

Arendt I'm brainstorming, OK?

Kobayashi OK. Well, OK. But General Tojo* saved more than 20,000 Jewish people.

Arendt Oh…

---

* Hideki Tojo (1884-1948)
A Japanese politician and army general. He assumed the position of prime minister in 1941, and became the highest official during the Pacific War. After the war, he was executed as a Class-A war criminal. He was originally one of the gods of Japanese Shintoism. His spiritual message was recorded at Happy Science twice (See *Tojo Hideki Dai-toa Senso no Shinjitu o Kataru* [Hideki Tojo Speaks the Truth of Greater East Asia War] by IRH Press, 2013, and *Shusho-kotei no Yurei no Shotai* [The Identities of the Ghosts at Official Residence of the Prime Minister] by IRH Press, 2013). It is said that he saved 20,000 Jewish people in the Otpor Incident, but there are various opinions about the number of people he saved.

3　スピリチュアル講義②　東アジアの全体主義について

小林　私を試_{ため}していらっしゃいますが……。

アーレント　ブレーンストーミングですよ、お分かりですね。

小林　分かりました。えーと、OKです。しかし、東條陸軍大将（注）は2万人以上のユダヤ人を救いました。

アーレント　おお……。

（注）東條英機（1884 - 1948）
軍人・政治家。陸軍大将。1941年、内閣総理大臣に就任し、太平洋戦争の最高責任者となる。戦後、A級戦犯として、死刑に処せられた。本来は、日本神道の神々の一人。幸福の科学では、彼の霊言を2回収録している。『公開霊言 東條英機、「大東亜戦争の真実」を語る』（幸福の科学出版刊）、『「首相公邸の幽霊」の正体』（同）参照。彼はオトポール事件で2万人のユダヤ人を救ったと言われているが、人数については諸説がある。

Kobayashi Chiune Sugihara* saved 6,000 people. But Tojo himself saved more than 20,000 Jewish people because he and Japan, at that time, knew well of the racism of the Nazis. So, he disagreed with their policy and saved the Jewish people.

Arendt Oh… I can't agree about your issue because if there were no Japanese military power, Hitler couldn't have done such an anti-humanistic deed all over Europe. So, if Japan hated Germany at that point, Japan would have caused trouble for Hitler and he could only govern his country.

* Chiune Sugihara (1900-1986)
A Japanese diplomat. In 1940, when he served at the Japanese consulate in Lithuania, he issued thousands of visas for Jewish refugees, without rest, and saved them.

3　スピリチュアル講義②　東アジアの全体主義について

小林　杉原千畝(注)は、6千人の人々を救いました。しかし東條自身は、2万人以上のユダヤ人を救いました。彼と日本は、当時、ナチスの人種差別主義のことをよく知っていたからです。彼はナチスの政策に賛同せず、ユダヤ人たちを救ったのです。

アーレント　ああ……あなたの論点には同意できかねます。なぜなら、もし日本の軍事力がなければ、ヒトラーはヨーロッパ全域で、ああいう反人道的行為はできませんでしたから。もしあの時点で日本がドイツを嫌っていれば、ヒトラーは日本に足を引っぱられて、自分の国を統治することしかできなかったでしょう。

（注）杉原千畝（1900 - 1986）
外交官。1940年、リトアニア日本領事館に勤務時、ユダヤ系難民のために不眠不休でビザを発行し、数千人のユダヤ人を救った。

Kobayashi But Roosevelt hated Japan, so Japan couldn't move.

Arendt Ah, you mean Franklin Roosevelt?* Franklin Roosevelt liked Japan very much. He loved Japan.

Kobayashi Do you really think that is true?

Arendt This is a lecture on politics. Brain training. OK?

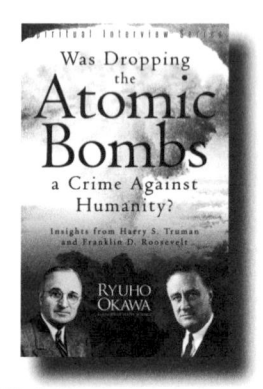

* Franklin Roosevelt (1882-1945)
The 32nd president of the United States of America. Served from 1933 to 1945. He died just before the end of World War II. His spirit revealed his true thoughts in his spiritual messages, *Was Dropping the Atomic Bombs a Crime Against Humanity?* by IRH Press, 2014.

3　スピリチュアル講義②　東アジアの全体主義について

小林　でも、ルーズベルトが日本を憎んでいたので、日本は動けませんでした。

アーレント　ああ、フランクリン・ルーズベルト（注）のことですか？　フランクリン・ルーズベルトは日本が大好きでしたよ。日本を愛していました。

小林　本気で、そう思ってらっしゃるんですか。

アーレント　これは、政治学の講義ですから。"頭のトレーニング"です。お分かりですか？

（注）フランクリン・ルーズベルト（1882-1945）
アメリカ合衆国第32代大統領。任期は1933年〜1945年。第二次世界大戦の終結直前に急死。幸福の科学における霊言『原爆投下は人類への罪か？』（幸福の科学出版刊）で本心を明かしている。

Kobayashi Oh, brain training? OK.

Arendt I have another opinion, of course, but I just want to make it a trial for you. If you have already been brainwashed or not, I want to check. OK?

Kobayashi OK. Thank you.

Arendt (Laughs)

4 Spiritual Seminar Part 3 On Communism and Equality

Hanako Cho But the alliance between Germany and Japan was for combating against communism at the time.

Arendt Communism? Communism is a good movement.

小林　ああ、"頭のトレーニング"ですね。分かりました。

アーレント　私の意見は、もちろん、また別にありますけど、あなたがたをちょっと試してみたいだけです。あなたがたがすでに洗脳されているか、いないか、チェックしたいんです。よろしいですか。

小林　結構です。ありがとうございます。

アーレント　（笑）

4　スピリチュアル講義③
　　共産主義と平等について

長 華子　でも、その当時、ドイツと日本の同盟は、共産主義に対抗するためのものでした。

アーレント　共産主義？　共産主義は、正しい運動ですよ。

Cho (Laughs)

Arendt Because after World War II, communists became greater and greater, and covered about half of the world.

Cho But you criticized communism...

Arendt People assisted it.

Tsuiki Communism is one form of totalitarianism.

Arendt Oh, your German is very difficult.

(Audience laughs)

Kobayashi But you mentioned in *The Origins of Totalitarianism* that one of the three origins is communism. So, communism is bad, isn't it?

長　（笑）

アーレント　だって、第二次大戦後、共産主義者はどんどん増えて、世界の半分ぐらいを覆いましたからね。

長　でも、あなたは共産主義を批判されましたよね……。

アーレント　人々が（共産主義を）支援したんです。

立木　共産主義は、全体主義の一形態です。

アーレント　まあ、あなたの"ドイツ語"は、すごく難しいですね。

（会場笑）

小林　しかし、あなたは『全体主義の起源』のなかで、全体主義の発生原因の三つのうちの一つは共産主義だと、おっしゃいました。ですから、共産主義はよくないのではないでしょうか。

Arendt If you want to dignify communism, then the meaning becomes transformed a little. At the beginning, communism was just a movement, I mean for equality. It's not so bad. But after that, communism transformed into a political power and suppressed or deprived of the money from greater people or successful people. This is the thinking point. After this, you are afraid that communism could produce people who don't want to work, but just get rid of property from wealthy people and the people who work harder and harder to earn their own money. You say that is against justice. That's why you cannot support the concept of communism.

But nowadays, for example, in the United States of America, there appeared a Black president, a "Black Kennedy" named President Obama. He's aiming at making Obamacare successful, and he's still struggling now. But the main problem is regarding equality. The difference between Whites and Blacks must be diminished, so he wants to make all the people in the country come to the table of equality. That is his policy.* (On next page)

4　スピリチュアル講義③　共産主義と平等について

アーレント　共産主義に権威づけをしようと思えば、少し意味が変わってきます。共産主義は、最初は単に、平等を求める運動でした。それは、さほど悪いことではありません。けれども、その後、共産主義は政治権力へと姿を変えて、偉い人たちや成功者たちを抑圧して財産を収奪しました。ここが、考えるべき点です。それ以降、あなた方の考えでは、「共産主義によって、自分は働こうとせずに、豊かな人々や一生懸命努力して稼いだ人々から財産を奪うだけの人たちが生まれてしまう」というわけです。それは正義に反していると。そういう訳で、共産主義の考え方を支持することができないのでしょう。

しかし今日では、たとえばアメリカ合衆国では、黒人大統領、オバマ大統領という名の「黒いケネディ」が生まれました。彼はオバマケアを成功させようとして、いまだに苦労していますけれども、主たる問題は、「平等」に関することです。白人と黒人の差は減らさなければなりませんから、彼は、すべての国民を「平等」という名のテーブルにつかせたいのです。それが彼の政策です（次ページ注）。

And from another viewpoint, "America is declining," you might want to say. But Mr. Obama will never agree about this because he is making new world justice. So, he will never agree that you were not racist 70 years ago, and that now you Japanese people love every race. He doesn't agree with this opinion because he, himself, fought a lot of struggles between racisms. For example, between men and women; and between the group of Black, Yellow, White, Spanish, Mexican and other immigrant people, and White

* Messages from the guardian spirit of President Obama were recorded at Happy Science three times. See *Have Faith in Great America* by IRH Press, 2012, and *A New Message from Barack Obama -Interviewing the Guardian Spirit of the President of the United States* by IRH Press, 2014.

4 スピリチュアル講義③ 共産主義と平等について

　そして、もうひとつ別の観点からは、あなたがたは「アメリカが衰退してきている」と言いたいのでしょう。でも、オバマさんは絶対、それは認めませんよ。彼は新しい世界的正義を創り出しているわけですから。ですから彼は、「日本人は 70 年前、人種差別主義者ではなかったし、日本人は今、すべての人種を愛している」ということは、絶対、認めません。彼はそういう意見には賛同しません。彼自身、多くの人種差別の間で戦ってきましたから。たとえば、男女の差別、また、黒人、黄色人種、白人、スペイン系やメキシコ人やその他の国からの移民たちと、白人のアメリカ

（注）幸福の科学では、オバマ大統領の守護霊の霊言を3回収録している。『バラク・オバマのスピリチュアル・メッセージ』（幸福実現党刊）、『オバマ大統領の新・守護霊メッセージ』（幸福の科学出版刊）参照。

65

Americans or WASPs.* He expressed a lot of political efforts, but you are just thinking in your brain only.

Kobayashi But don't you think that Mr. Obama should learn pre-war Japan's struggle against racism or, in other words, against White racism in the Philippines, India and Africa?

Arendt But that's just a result. Before that result, Imperial Japanese Army killed 20 million people. Was that in the name of justice you were allowed by God?

Kobayashi You really believe that as a fact?

Arendt Oh, it's a fact.

---

* It stands for White Anglo-Saxon Protestant (in both discriminatory and non-discriminatory ways), meaning a social class of people who are white, conservative and dominant, in both politics and economy of the United States.

人、ＷＡＳＰ(注)との間の差別などです。彼は、いろいろ政治的に努力して見せていますが、あなたがたは頭で考えているだけに過ぎません。

小林　しかし、「戦前の日本の人種差別に対する戦いを、オバマ氏は知るべきである」とは思われませんか。言い換えれば、フィリピン、インド、アフリカにおける、白人至上主義に対する戦いですが。

アーレント　でも、それは結果に過ぎません。それ以前に、大日本帝国陸軍は、２千万人の人々を殺したわけです。それが、あなたがた日本人が神によって許された「正義」の名のもとにやったことですか。

小林　あなたは、本当にそれを事実だと信じていらっしゃるのですか。

アーレント　ああ、事実ですよ。

(注)ホワイト・アングロサクソン・プロテスタント(White Anglo-Saxon Protestant)の頭文字をとった略語(差別用語としても使われる)。アメリカ合衆国の政治・経済における白人エリート支配層の保守派を指す。

Kobayashi I mean, it's a discussion on fact-finding... You really think it's a fact?

Arendt You could have killed 20 million people.

Kobayashi 20 million?

Arendt Ah, I'm sorry. 20 million people all over the world. America just killed 3 million Japanese.

Kobayashi But the Soviets killed 50 million people at that time.

Arendt Ah, it's OK. No one can count that number, so you can say that, but there's no proof.

Kobayashi Anyway, do you think that such type of United States and Obama's United States is good and right?

4　スピリチュアル講義③　共産主義と平等について

小林　つまり、それは事実調査についての議論であって……本当にそれが事実だとお考えですか。

アーレント　日本人は２千万人の人々を殺した可能性があります。

小林　２千万人ですか。

アーレント　あ、ごめんなさい。全世界で２千万人でした。アメリカは日本人を３百万人殺しただけでした。

小林　しかし当時、ソ連は５千万人殺しました。

アーレント　ああ、それはいいんです。誰も数えられませんから。口で言うことはできますけど、証拠がないので。

小林　ともあれ、このようなタイプの米国、オバマのアメリカは、善であり正しいとお考えですか。

Arendt For poor people or weaker people, it will be hope for their future. But strong and wealthy WASPs, the White Anglo-Saxon Protestant people, are not so happy, I guess. Mr. Obama thinks, "Only 1 percent or 2 percent of the nation are happy, and other people are unhappy; this situation must be changed." This is his main meaning of "Change." So, some may be falling into a miserable position, but other people are being given quality, power and the right to receive higher education. Some poor Black people can enter college or university. Whether you think this is a good phenomenon or not, I cannot say correctly, but it must be "Change."

Cho How do you see President Obama's conciliatory approach to China?

Arendt Hmm. His eyes are a little different from Japanese people's eyes, I think. He thinks that China is changing now, and that old China was very poor,

4　スピリチュアル講義③　共産主義と平等について

アーレント　貧しい人や弱者にとっては、将来への希望になるでしょう。けれども、強者でお金持ちのＷＡＳＰ、白人でアングロサクソン系でプロテスタントの人たちは、あまりうれしくないだろうと思います。オバマさんは「国民の１％か２％だけが幸福で、それ以外の人々は不幸である。この状況は変えなければならない」と思っています。これが、彼の言う「チェンジ」の主たる意味です。ですから、悲惨な状況に陥る人がいる一方で、高い地位や権力、高等教育を受ける権利を与えられている人もいます。貧しい黒人で、単科大学や総合大学に入れる人もいます。あなたが、こういう現象をいいと思うかどうか、私には正確なことは言えませんが、確かに「チェンジ」には違いありません。

長　オバマ大統領の、中国に対する宥和的なアプローチについては、どうご覧になりますか。

アーレント　うーん。彼の見方は、日本人の見方とは少し違うと思いますね。彼は、中国は今は変わり始めているけれど、昔の中国は非常に貧しくて、職業は農業と軍隊しか

where their only occupations were agriculture and army.

But now they're industrialized, and after that they learned capitalism. A lot of Chinese people went abroad. Almost all of them came to university in the United States, learned the American way of lifestyle, thinking and working style, and went back to China again. They are the new leaders of China, and China is changing. They are aiming at making new industrialism and capitalism.

Only Japan is sinking to the bottom of the economy, because Japan has been influenced a lot from Marxism and the economy is supported by Marxism-Leninism.* You cannot abandon their deep influence, so you, Japanese, don't know about new capitalism, new freedom and new prosperity of the world. Japan is left alone in the world.

This is their propaganda that I wanted to explain.

---

* A political ideology created by Lenin, who took after and developed Marxism. It was the official ideology of the Communist Party of the Soviet Union.

4　スピリチュアル講義③　共産主義と平等について

なかったと思っています。

　しかし、今や中国は工業化され、その後、資本主義を学び、大勢の中国人が海外に出ました。そのほとんどはアメリカの大学に来て、アメリカ式のライフスタイルや考え方、仕事の仕方を学んで、また中国に帰って行きました。彼らは、中国の新しいリーダーとなっていて、中国は変わりつつあるところなんです。彼らは、新しい産業主義や資本主義を作り出すことを目指しています。

　日本だけが、経済の底に沈んでいこうとしています。日本はマルクス主義の影響が強くて、経済がマルクス・レーニン主義（注）によって支えられているからです。彼らの深い影響を捨て去ることができないために、あなたがた日本人は、世界の「新しい資本主義」、「新しい自由」、「新しい繁栄」について分かっていないんです。日本は、世界の中で取り残されているんですよ。
　以上が、私が説明したかった、「彼らのプロパガンダ」

（注）レーニンが、マルクスの思想を継承・発展させた政治イデオロギー。ソビエト連邦共産党の公認国家イデオロギーであった。

Some of the people of the United States, some Chinese leaders, South Korean leaders and other people, and of course, the left winged people of Japan think so, too.

5 Spiritual Seminar Part 4 On Japanese Socialism

Tsuiki I agree with you in that China's industrialization is a good thing. But the problem is, the way of Chinese government. They are trying to change the situation on the territory of Senkaku Islands…

Arendt Don't think too much about that.

Tsuiki May I ask why not?

Arendt They just want to change the country of Japan into something like "California State" of China (laughs).

です。一部のアメリカ人や、一部の中国のリーダー、韓国のリーダーや他の人たち、そしてもちろん、日本の左翼の人たちも、そう考えています。

5 スピリチュアル講義④
日本的社会主義について

立木　中国の工業化がよいことであるという点は、私も賛成です。しかし、問題は、中国政府のやり方です。彼らは、尖閣諸島の領土の状況を変えようとしていて……。

アーレント　そのことは、あまり考え過ぎないでください。

立木　なぜですか。

アーレント　彼らは日本を、中国にとっての"カリフォルニア州"みたいにしたいと思っているだけですから（笑）。

5 Spiritual Seminar Part 4 On Japanese Socialism

Kobayashi It's not a problem for the United States, but it's a very big problem for Japan.

Arendt Oh, really?

Kobayashi You, or the United States, are far from the eastern coast of China, but we are very near. We and I, of course, agree that China is changing. But it will take more than a little time.

Arendt How about the Hawaiian people? They were governed by Kamehameha the Great, but were intruded by the United States and now they're citizens of the United States. China is thinking just like that. You are under Kamehameha the Great, in other words Hirohito the Great or... I don't know your emperor, what's the name of your new emperor?

Kobayashi Our emperor now?

5 スピリチュアル講義④ 日本的社会主義について

小林　それは、アメリカにとっては問題ないでしょうが、日本にとっては大問題です。

アーレント　おや、そうなんですか。

小林　あなたは、というかアメリカは、中国の東海岸からは遠いですけれども、日本はすごく近いんです。もちろん、中国が変わりつつあることには同感です。しかし、それには少なからず時間がかかるでしょう。

アーレント　ハワイの人たちはどうですか。彼らは、カメハメハ大王によって統治されていましたが、アメリカに侵入されて、今では米国民です。中国も、ちょうどそんなふうに考えているんです。あなたがたは、カメハメハ大王、つまりヒロヒト大帝や……私は日本の天皇の名前は知りませんが、その統治下にあるわけですよ。新しい天皇のお名前は？

小林　今上天皇のことですか。

Arendt *Heisei*?

Kobayashi Emperor *Heisei*. Akihito...

Arendt Akihito? Emperor Akihito. He is Kamehameha II if seen from China.

Kobayashi But... Frankly, I think that is an invasion by the United States. Anyway, the United States is a democratic country, and protects human rights. So even though Hawaii was invaded, maybe the people of Hawaii might not be so unhappy. However, China is obviously a totalitarian nation, and their government never respects human rights. For example, there are Tibet and Uyghur. So, that is the problem. What are your thoughts on that?

Arendt But I'll say it like this. "Almost all of you Japanese people earn under 20 million yen. But in the southern part of China, a lot of people earn from 30

5　スピリチュアル講義④　日本的社会主義について

アーレント　平成？

小林　平成天皇。明仁(あきひと)……。

アーレント　明仁？　明仁天皇。この方は、中国からすれば、"カメハメハ二世"だということですよ。

小林　しかし……はっきり言えば、それはアメリカによる侵略だと思います。ともかく、アメリカは民主主義国であり、人権を擁護しています。ですから、ハワイが侵略されても、ハワイの人たちはそれほど不幸ではなかったかもしれません。しかし、中国は明らかに全体主義の国家であって、彼らの政府は、まったく人権を尊重しておりません。たとえば、チベットやウイグルなどです。ですから、問題なのです。これについては、どうお考えですか。

アーレント　でも、こう言いましょうか。「あなたがた日本人のほとんどは、２千万円以下しか稼いでいない。しかし、中国の南部では、３千万円から５千万円、そして１億

million yen to 50 million yen, and even 100 million yen. They are really rich compared to Japanese people. So, if you change your nationality from Japanese to Chinese, you can earn a lot more money than if you were to stay under your political regime now."

Cho So, you mean...

Arendt Japan is a communist regime. Liberal Democratic Party (LDP) is a communist party or a socialist party. They are seeking a big government and they want to collect a lot of taxes. Income tax, property tax, luxury tax, consumption tax, and social welfare, which is another name for tax. Pension is another name for tax for younger people, I think. This is a socialist country. Socialism. Japanese socialism was called "liberal democratic."

Tsuiki I feel very strange...

円も稼ぐ人がたくさんいる。彼らは、日本人と比べても本当に豊かである。だから、あなたがたは国籍を日本から中国に変えれば、今の政治体制下より、お金がたくさん稼げますよ」と。

長　ということは、つまり……。

アーレント　日本は「共産主義体制」なんですよ。自由民主党は、共産主義もしくは社会主義の政党です。彼らは大きな政府を志向していて、税金をたくさん取りたいのです。所得税、資産税、奢侈税に消費税、それから社会福祉と呼ばれる、名前を変えた税金です。年金も、若い人にとっては、税金の別名だと思いますね。これは社会主義国ですよ。社会主義です。日本的社会主義が、「自由民主」と呼ばれていたんです。

立木　非常に違和感を感じるのですが……。

Arendt (Laughs) OK.

Tsuiki In your political philosophy, I think political freedom was more important than economic activities. But now you are saying that economic activities are more valuable for Japanese people. This is a contradiction.

Arendt Chinese people can buy a Porsche, but you cannot buy a Porsche.

Tsuiki No.

Arendt Why not?

Kobayashi But the problem is, "How can they earn this much money?" I believe that it is not pure capitalism, but nepotism.

Arendt 10 percent of them now.

5　スピリチュアル講義④　日本的社会主義について

アーレント　（笑）結構ですよ。

立木　あなたの政治哲学においては、経済活動よりも政治的自由のほうが大事だったと思います。ところが今は、「日本人には経済活動のほうが、より価値がある」とおっしゃっています。これは矛盾しています。

アーレント　中国人はポルシェを買えますけど、あなたはポルシェを買えませんよね。

立木　はい。

アーレント　なぜですか。

小林　ただ、問題は、彼らが、なぜそれほど稼げるのかということです。純粋な資本主義ではなく、縁故主義だと思いますが。

アーレント　今は、10パーセントの人たちかもしれません。

Kobayashi Yes, 10 percent. But they didn't earn it by market competition, in a sense.

Arendt Hmm. They need bribe for the authorities?

Kobayashi Yes.

Arendt But that's another disguised expression for 'tip' of the Western people.

Kobayashi But, I mean, it's a privilege.

Arendt Hmm...

Kobayashi Their privilege to access the market.

Arendt Hmm.

Kobayashi So, it's not fair.

5　スピリチュアル講義④　日本的社会主義について

小林　10パーセントです。しかし、ある意味で、彼らは市場の競争によって稼いだわけではありません。

アーレント　うーん。当局への賄賂（わいろ）が必要なわけですね。

小林　はい。

アーレント　でも、それは、西洋人の「チップ」の、形を変えた別の表現ですよ。

小林　しかし、要するに、特権なんです。

アーレント　うーん……。

小林　市場にアクセスできる特権です。

アーレント　うーん。

小林　ですから、公平ではありません。

85

Arendt Yes, yes, yes, it's fair. They can, show, how do I say, their greed very straightforwardly. Greed is the main concept of freedom.

Kobayashi That's very contradictory to your various works.

Arendt I know, I know, I know.

Kobayashi Oh, you know?

Arendt I am just testing you. (Audience laughs) So, don't mind me.

Kobayashi Anyway...

Arendt I want to know your educational background, knowledge level and educational intelligence. Just a brain test, so don't think too much about that.

5 スピリチュアル講義④ 日本的社会主義について

アーレント　いえ、いえ、いえ、公平ですよ。彼らは、何と言うか、欲を非常にストレートに表すことができるのです。欲とは、自由の中心概念ですから。

小林　それは、あなたのさまざまな著作と、非常に食い違っています。

アーレント　はい、はい、分かっています。

小林　ああ、分かっていらっしゃるんですね。

アーレント　あなたがたを"テスト"しているだけです。（会場笑）ですから、心配は要りません。

小林　いずれにしても……。

アーレント　あなたがたの教育的背景や、知識レベルや、教育で身につけた理解力を知りたいだけです。単なる"頭脳テスト"ですから、あまり深く考えないでください。

6 Spiritual Seminar Part 5
On the Love of God and Justice of God

Kobayashi In any case, do you honestly think that the Chinese regime now is right or good?

Arendt For Chinese people, it's right. For Japanese people, it's bad.

Kobayashi But the problem is your definition of Chinese people.

Arendt Hmm.

Kobayashi They haven't experienced democracy.

Arendt No, no. They have already succeeded in Taiwan, Hong Kong and the southern part of China. Your Happy Science movement is intruding into China, and they are opposing the Beijing authority.

6　スピリチュアル講義⑤　「神の愛」と「神の正義」について

小林　いずれにせよ、今の中国の政治体制が正しい、もしくは良いと、本心から思っていらっしゃるのでしょうか。

アーレント　中国人にとっては正しく、日本人にとっては悪いですね。

小林　しかし、問題は、「中国人」の定義です。

アーレント　うーん。

小林　彼らは民主主義を経験していません。

アーレント　いえ、いえ。すでに、台湾、香港、そして中国南部では成功しています。あなたがた幸福の科学の運動が中国に入り込んでいて、北京政府当局に反対しています。彼らは幸福の科学の哲学のおかげで、中国の内部から国を

They want to change their country from the inside of China, thanks to the philosophy of Happy Science. This is a new movement from Hong Kong and in the near parts of Hong Kong.

And I hope, and I guess, that this movement will attain success, as well as change and influence all the Chinese people in the near future. You have the risk of having your country taken, but China is also under the risk of being intruded by your religious education. Therefore, which will win is the main point, I guess.

But Chinese people, in the bottom of their hearts, will love Happy Science thoughts. They now know how to change the future of their country, so they will succeed in this revolution, your "happiness revolution." They will follow this revolution. This is the restart of the *San-min* doctrine* or the three democratic policies, I think. So, you can win in the meaning of ideology. You have the risk of military intrusion from China, but

---

* A fundamental principle for democratic revolution, advocated by Sun Yat-sen of China in 1906.

6　スピリチュアル講義⑤　「神の愛」と「神の正義」について

変えたいと思っているのです。これは、香港ならびに香港に近い地域から起きている新たな運動です。

そして私は、この運動が成功して、近い将来、すべての中国人が変わり、影響を受けることを望んでいますし、そうなると思いますよ。あなたがたは「国を取られるリスク」を負っていますが、中国も、あなたがたの「宗教教育」に入り込まれるリスクを負っています。ですから、どちらが勝つかが、肝心な点だと思います。

けれども、中国の人たちは、心の底では幸福の科学の思想が大好きになることでしょう。もう彼らは、国の未来を変える方法が分かっています。ですから、彼らはこの革命に、あなたがたの「幸福の革命」に成功するでしょう。この革命に従うでしょう。これは「三民主義」（注）、三つの民主政策の再出発であると思います。ですから、あなたがたは、イデオロギーという意味では勝てます。中国による軍事侵攻のリスクはありますけれども、その時、米国と友

（注）1906年に、中国の孫文が唱えた民主主義革命の基本理念。

if, at that time, you can stay friends with the United States, fundamentally, China won't be able to attack you. So, the future is not so dark, I think.

Tsuiki Right now, you gave us a good esteem to our movement, the Happy Science movement.

Arendt I know, because I influenced you a lot.

Tsuiki Yes, thank you very much. And in Japan, we are often criticized as a group, planning to get power to establish a kind of totalitarianism or despotism. How do you see this problem?

Arendt The problem is, "Is there love?" I mean, the Love from God or not. Or, whether this kind of love is akin to the Justice of God. If you have this kind of love and justice in your regime or movement, then that's

人でいられれば、中国は基本的にはあなたがたを攻撃することができません。ですから、未来は、そう暗くはないと思います。

立木　たった今、私たち幸福の科学の運動を高く評価してくださいました。

アーレント　そうです。あなたがたには、いろいろ影響を与えましたから。

立木　はい、どうもありがとうございます。それから、日本では、私たちはよく、「権力を手にして、一種の全体主義あるいは専制政治を打ち立てようと目論んでいる団体である」という批判を受けるのですが、この問題は、どうご覧になりますか。

アーレント　問題は、「そこに愛があるかどうか」です。つまり、「神の愛」があるか、ないか。あるいは、その愛が、「神の正義」に近いものであるかどうかです。あなたがたの体制や運動に、この種の愛と正義があるならば、それは

not intrusion on another country or imperialism. So, you must ask China and North Korea that. "Is there any Love from God? From Buddha? Or mercy from Buddha? Or Justice from God?" You can ask them about that.

If they cannot answer this question, they are just self-oriented people. But if you are to change your self-defense army into a normal army of the world, and in this changing attitude there is Love or Justice from God, and you are also always seeking the peace of the world on behalf of the United Nations, then you are not bad or evil; your power does not come from Satan. I can say this.

Tsuiki How can we get people to understand the Love or Justice from God?

Arendt Hmm. One is from a spiritual aspect, and another is from the material life. Firstly, spiritual life is this: if you Japanese people always think about God,

6　スピリチュアル講義⑤　「神の愛」と「神の正義」について

他国への侵入でも帝国主義でもありません。ですから、中国や北朝鮮に対しては、「そこに何らかの、神や仏の愛はあるか。仏の慈悲はあるか。あるいは、神の正義はあるか」と問わなければいけません。そう尋ねたらいいんです。

　この質問に答えることができないなら、彼らは自己中心的な人間に過ぎません。けれども、あなたがたが自衛隊を、世界の通常の軍隊に変えるとして、その「変える」という姿勢のなかに、「神の愛」や「正義」があるのであれば、そして、国連に代わり、常に世界平和を求めているのであれば、あなたがたは悪ではなく、邪悪でもなく、その力はサタンから来るものではありません。そう申し上げることができます。

立木　人々に、神からの愛や正義を理解してもらうには、どうすればいいのでしょうか。

アーレント　うーん。一つは「霊的側面」からで、もう一つは「物質生活」の面からですね。まず、「霊的生活」とは、もし日本人が、いつも神や仏や高級霊のことを考えているの

Buddha and high spirits, we don't care about the name of the religion. And if religious, spiritual attitude is learned by Japanese people and they can live spiritually – I mean, Japan has a tradition of Zen life, so Zen life-like contemplative attitude will be spread by you, to all over Japan.

If Japanese people sometimes, I mean, in the 24 hours take only 5 minutes, 10 minutes or something like that to think about God or Buddha, then that's OK. If you have such kind of time in one day, you are living the contemplative life.*

This means that your thinking attitude is pointing towards love, mercy or justice. This is the mental aspect.

And the other one is the earthly-living aspect. If you can assist or save poor or weak people; if you find poor, weak or sick people and you are willing to aid him or her; if you have such kind of an attitude, your attitude

---

* Arendt divided human life into *vita contemplativa* (contemplative life) and *vita activa* (active life), and defined the former as a philosopher's life exploring the eternal Truth.

であれば、私たちは、その宗教の名は問いません。日本人が、宗教的で霊的な姿勢でもって霊的生活を送ることができるようになれば、つまり、日本には「禅的生活」の伝統がありますので、禅的生活のような観照的な生き方が、あなたがたの手によって日本中に広まっていくことでしょう。

　日本人が時おり、つまり、24時間の中でたった5分か10分くらいの時間でも結構ですから、神仏のことを考えることができたなら、それでいいんです。一日のうちでそういった時間を持つことができたなら、それが「観照的生活」（注）を送っているということなのです。
　それは、すなわち、あなたがたの考え方の姿勢が、「愛」や「慈悲」や「正義」に向かっていることを意味するでしょう。これが心の側面です。
　もう一つは、「この世的な生活」の側面です。あなたがたが、貧しい人たちや弱い人たちを、助けたり救ったりすることができるのであれば、貧しい人や弱者や病気の人を見て、進んで助けようと思うなら、そうした気持ちがある

（注）アーレントは、人間の生活を「観照的生活」と「活動的生活」の二つに分け、「観照的生活」を、「永遠の真理を探究する哲学者の生活」と定義した。

is in tune with God, I think.

In material life, whether the rich people have the tendency to save the poor and miserable people or not is very important. If you have such kind of an attitude, you can be accepted by Christianity. Even the Western Christian people cannot deny or attack your Japanese attitude. So, you must also show this attitude in your material life.

Kobayashi You mean, such kind of an attitude should even accompany the method to persuade the United States in the political sense? Thank you. That makes a lot of sense.

のなら、その気持ちは、神と波長が合っていると思います。

　物質生活の面では、豊かな人たちに、貧しい人たちや不幸な人たちを救う傾向性があるかないかが、非常に重要です。あなたがたに、そういう気持ちがあれば、キリスト教からも受け入れてもらうことができます。キリスト教徒の欧米人であっても、日本人のそうした姿勢を否定したり攻撃したりすることはできません。ですから、物質生活の面でも、そうした姿勢を見せなければいけません。

小林　つまり、アメリカを政治的に説得する手段においても、そういった姿勢を伴うべきだということですね。ありがとうございます。大変、筋が通っています。

7 Spiritual Seminar Part 6 On Happy Science

Arendt So, I just tested you and you are in confusion now. But this is the starting point of philosophy, so don't think too bad of me. Philosophy is the problem itself, so you must think about things from a lot of angles and about how you see or think these things.

Of course, China has a lot of problems. It's true. Chinese government and the higher position people sometimes accuse of Japanese intrusions more than 70 years ago. In some meaning, it's true, but in another meaning, it's their responsibility, of course. They, themselves, couldn't protect their country because of their lack of self-help spirit, and they couldn't protect themselves from being colonized by the intrusion of the Western people. It's quite the opposite of Meiji Restoration in Japan. Japanese people fought fiercely and sincerely against the imperialism of the European

7　スピリチュアル講義⑥
幸福の科学について

アーレント　ですから、あなたがたを試しただけなのですが、今、戸惑っていらっしゃいますね。でも、これが「哲学の出発点」ですので、私をあまり悪く思わないでください。哲学とは、「問題そのもの」なのです。ですから、物事を、いろいろな角度から考えなければなりませんし、自分たちの物の見方や考えについても考えなければなりません。

　もちろん、中国は多くの問題を抱えています。それは本当です。中国の政府や高官は、70年以上も前に起きた中国侵攻について、日本人を非難することがあります。それは、ある意味で真実ですが、別の意味では、もちろん彼ら自身の責任です。自助努力の精神が欠けていたために、自分で自分の国を守ることができないで、西洋人の侵入を受けて植民地にされることから、自分自身を守れなかったのです。日本の明治維新とは正反対です。日本人は、ヨーロッパ諸国の帝国主義に対して、激しく本気で戦いましたが、中国は、その状況において敗北したのです。ですから、中国は日本の過ちについては何も言えないと思います。

countries, but China was defeated by this situation. So, I guess China cannot say anything about Japanese faults.

But I can understand their regret about their history. They regret their history, but they don't reflect on that too much. Therefore, they just say about Japanese bad deeds or demon-like deeds, and say that Japan destroyed their systems and infrastructure. They became miserable after World War II, so Mao Zedong* rebuilt the country anew and made a "great hop-step-jump" (the Great Leap Forward**) policy.

---

* Mao Zedong (1893-1976)
A Chinese politician. He helped establish the Communist Party of China, and also led the war against Japan during World War II. He founded the People's Republic of China in 1949 and became the head of state. His spiritual message was recorded. See *Marx, Mao Zedong no Spiritual Message* [Spiritual Messages from Marx and Mao Zedong] by IRH Press, 2010.

** A Chinese economic policy led by Mao Zedong from 1958 to 1960. It aimed at increasing China's national productivity to the level beyond that of the U.K., but resulted in a great catastrophe, killing 20 million to 40 million people due to sloppy planning and severe quota.

7　スピリチュアル講義⑥　幸福の科学について

　ただ、彼らの、自国の歴史に対する無念さは理解できます。自分たちの歴史を無念に思ってはいますが、あまり反省していません。ですから、日本の悪行、悪魔のような所業のことを言い立てたり、「日本が自分たちの体制やインフラを滅ぼした」と言うばかりなのです。第二次世界大戦後、彼らは悲惨な状況に陥ったため、毛沢東（注1）が新しい国を再建して「大躍進政策」（注2）を進めました。

（注1）毛沢東（1893 - 1976）
中国の政治家。中国共産党の創立に参加し、第二次大戦では、抗日戦を指揮した。1949年に中華人民共和国を建国し、国家主席となった。霊言も収録している。『マルクス・毛沢東のスピリチュアル・メッセージ』（幸福の科学出版刊）参照。

（注2）1958年から1960年にかけて中国で行われた大増産計画。毛沢東の主導のもと、イギリスを上回る生産力を目指したが、ずさんな計画と過酷なノルマで、2千万人から4千万人の国民が亡くなるという悲惨な結果を招いた。

They say they succeeded, but it was a failure, indeed. So, they changed their mind, looked at Taiwan and South Korea, and just followed after Japan.

The problem was after 1990. As an asset of real estate, the value of the land of Japan became more than that of the United States. The estimated value of Tokyo was higher than the whole United States. Then, Japanese government and Japanese economists thought that this was an illusion. So, they wanted to slash the Japanese economy. "This is an illusion," they said, and suppressed this expansion (of the Japanese economy). And after that, China replaced Japan's position. Therefore, you must change your economic policy and have a new vision as a hope to Asia.

You are almost 80 percent right, I guess. Mr. Abe is very poor at explaining his attitude, but you, Happy Science, are assisting him, and the Japanese prospect of politics is very much changing. Also, Japanese journalism is influenced a lot by Happy Science, and you are standing on a new horizon. So the check point

7　スピリチュアル講義⑥　幸福の科学について

これは成功したと言われていますが、実際は失敗でした。そこで、彼らは考えを変え、台湾や韓国を見て、ただただ日本のやり方を追ったのです。

　問題は、1990年以降でした。日本の土地が不動産資産として、米国を上回ったわけです。東京の地価の見積額は、アメリカ全土を合わせたより高かったのです。そこで、日本の政府と日本の経済学者は、「これは幻想だ」と思ったんですね。彼らは日本経済を小さくしたかったのです。「これは幻想だ」として、(日本経済の)拡大を押さえ込みました。そして、その後に、中国が日本の地位にとって代わったわけです。ですから、あなたがたは経済政策を変えて、アジアの希望となる「新たなビジョン」を持たなければけません。

　あなたがたは、80パーセントくらいは正しいと思います。安倍さんは自分の姿勢を説明するのが非常に下手ですが、あなたがた幸福の科学が彼を支援していて、日本の政治に関する見通しは大きく変わりつつあります。また、日本のジャーナリズムは、幸福の科学から多大なる影響を受けていて、あなたがたは、新たな地平に立っています。ですか

is, "Is your thinking policy like Nazism, fascism or something like that?" Whether you can conquer this kind of opposition or not, is the main point now.

Kobayashi The difference between the Abe administration and Happy Science is, strictly speaking, that we are insisting from the viewpoint of religion. Religious people are insisting on crimes from the aspect of World War II. We think that, in the background of colonialism, there was influence by the dark side of Christianity. In a sense, that's the difference between the Abe administration and us, and is also our main point.

Arendt In Europe during World War II, Christian people fought against Christian people. Christianity didn't have any effect at that time. In their thinking there were angel and devil, and they sometimes said their enemy was a devil. They said like that to each other. They couldn't hear any voice from God, and

ら、チェックポイントは、「あなたがたの考え方が、ナチズムやファシズムや、そういったものであるかどうか」ということです。こういった類の「反対」に打ち克つことができるかどうかが、現時点におけるメイン・ポイントです。

小林　安倍政権と幸福の科学の違いは、厳密に言いますと、われわれは宗教の視点から主張しているということです。宗教を信じる人々が、第二次世界大戦の観点における犯罪について主張しているのです。われわれは、植民地主義の背景に、キリスト教の暗黒面からくる影響があったと考えています。ある意味、ここが安倍政権と比べた場合の、われわれの考え方の違いであり、メイン・ポイントです。

アーレント　第二次大戦中、ヨーロッパでは、キリスト教徒同士が戦いました。キリスト教は当時、何の影響も与えていなかったわけです。彼ら自身の考え方の中に、天使と悪魔が入っていて、敵方を指して「悪魔」と呼ぶこともありました。お互いに、そう言い合っていたのです。「神の声」を聴くことはできなくて、それが混乱の始まりでした。

that was the beginning of the confusion.

I was born in Germany as a Jewish and I was very frightened by Nazism, so I hate that kind of totalitarianism, imperialism, intrusion-ism and periods, which were governed by fear. In the near future, there will occur some kind of war in this area. But be careful not to make dark times in the near future. Please keep hope in the future of this world. Please seek, seek and seek the hope of the world.

Kobayashi You mean a war or great conflict will occur in East Asia?

Arendt Not so great, but small conflicts will occur in East Asia. Nevertheless, you will win because you are standing by God. So, you will win in the end.

Tsuiki By the way, when you were alive on earth, you

私はドイツにユダヤ人として生まれて、ナチスによって非常に恐ろしい思いをしましたので、全体主義や帝国主義や、侵略主義や、恐怖が支配する時代といったものは嫌悪しております。近い将来、この地域で何らかの戦争が起きるでしょう。けれども、近未来を暗い時代にしないよう、心してください。この世界の未来に対して、希望を持ち続けてください。「世界の希望」を、どこまでも、どこまでも、追い求めてください。

小林　東アジアで、戦争あるいは大きな紛争が起きるということでしょうか。

アーレント　さほど大きくはありませんが、小さな紛争が東アジアで起きるでしょう。しかし、あなたがたが勝ちます。あなたがたは神の側に立っているからです。ですから、最後はあなたがたが勝ちます。

立木　ところで、あなたは地上に生きていらしたときに、

7 Spiritual Seminar Part 6 On Happy Science

had the experience of working for Zionist movement,* and also, you insisted that the federation of Jewish people and Palestine people should be established. What do you think about the Israel and Palestine problem going on right now?

Arendt It's a difficult question, but a radical resolution for that problem is to become friends with each other. They need a new religion or a new thought to become friends with each other. Their traditional religions are a little different and have contradictions in them. The teachings of you, Happy Science, can conquer the deficit of their teachings, I'm hoping so.

You will save them and they can be friends with each other, because originally, "One God" guided them. The age was different, but "One God" guided them.

"One God" doesn't mean, "to exclude other nations." That is the main point of Happy Science, I

---
* A political movement with the goal of reestablishing a Jewish homeland in the region of Palestine.

7　スピリチュアル講義⑥　幸福の科学について

シオニズム運動（注）の活動経験をお持ちでしたし、また、ユダヤ人とパレスチナ人の連邦国家を打ち立てるべきだとも主張されていました。現在のイスラエルとパレスチナの問題については、どのようにお考えですか。

アーレント　難しい質問ですけれども、この問題に対する抜本的な解決策は、お互いが友人同士になることです。彼らが友人同士になるためには、「新しい宗教」か「新しい思想」が必要です。彼らのそれぞれの伝統宗教には、若干の違いがありますし、矛盾を含んでいます。あなたがた幸福の科学の教えで、彼らの教えが欠けているところを克服することができますし、私はそれを望んでおります。

　あなたがたが彼らを救うことになるでしょうし、彼らは友人になることができます。もともと「一なる神」が彼らを指導していたからです。時代は異なっていましたが、「一なる神」が彼らを導いていたのです。

　「一なる神」といっても、ほかの民族を排除するという意味ではありません。ここが、幸福の科学の中心的論点だ

（注）パレスチナにユダヤ人の祖国を再建することを目的とした政治活動。

guess. So, that is the reason why I'm assisting you in your political philosophy. You can save the world by your philosophy.

Tsuiki Thank you.

8 The Love Between Arendt and Heidegger

Arendt OK? (Looking at Cho) Hana, Hana. "Hana" Arendt.

Cho Sounds similar (laughs). I'd like to ask you two questions.

Arendt OK.

Cho If you don't mind, I'd like to ask you about your spiritual connection with Martin Heidegger.

ろうと思います。だからこそ私は、あなたがたを政治哲学の面で支援しているのです。あなたがたは、あなたがたの哲学によって、世界を救うことができるのです。

立木　ありがとうございます。

8　ハイデガーとの愛を語る

アーレント　よろしいですか。（長を見て）華さん、ハナさん。"ハナ"・アーレント。

長　響きが似ていますね（笑）。二点、質問させていただきたいのですが。

アーレント　いいですよ。

長　お差し支えなければ、マルチン・ハイデガーとの霊的なつながりについてお伺いしたのですが。

Arendt Oh, oh...

Cho It's because he gave a lasting impact on you, although your thoughts were very different from his. You focused on natality and the beginning, and he focused on the concept of death. He disliked Rome, but you liked Rome. There were so many differences between you two. However, you supported him until the later years of your life, although he endorsed Nazism. So, I think you have a very deep spiritual connection with Martin Heidegger.

And we, Happy Science members, are taught that Martin Heidegger and St. Augustine are the same soul. I assume you have a deep connection with those two gentlemen. Would you please teach us about your spiritual connection with those two?

Arendt Difficult question. Very, very difficult question. I had my husband and he had his wife, but we loved each other. Whether this is guilty or not, is

8　ハイデガーとの愛を語る

アーレント　（困ったように）ああ、ああ……。

長　あなたの思想は、彼とはずいぶん違っていましたけれども、彼はあなたに永続的な影響を残したからです。あなたは「出生」「始まり」について集中的に論じ、彼は「死の概念」について集中的に論じていました。彼はローマが嫌いで、あなたはローマが好きでした。お二人の間には、非常に多くの違いがありました。ただ、彼がナチスを支持していたにもかかわらず、あなたは晩年まで彼を支えていました。ですから、あなたはマルチン・ハイデガーと非常に深い霊的つながりがあるのではないかと思うのです。

　そして、私たち幸福の科学の信者は、マルチン・ハイデガーと聖アウグスチヌスが同じ魂であると教わっています。あなたは、このお二人と深いつながりをお持ちではないかと思うのですが。二人の方との霊的なつながりについて教えていただけないでしょうか。

アーレント　難しい質問です。大変、難しい質問です。私には夫がいて、彼にも奥さんがいたんですが、私たちは愛し合っておりました。これが悪いことかどうかは、宗教的

very difficult in the religious context. So, if El Cantare can forgive me, I can explain the truth. But if not, I cannot say anything about that.

Kobayashi From your viewpoint, why do you think Martin Heidegger cooperated with the Nazis?

Arendt No, no, no. He didn't cooperate. He was a huge person of that time. He was the world spirit of that age. I think the number one, cleverest person of the world in that age, and he had his duty to guide the people of Germany, the people of Europe and the people of the world. But he couldn't do everything because it was beyond his power. He couldn't become a savior. If he could become a savior, he could've saved the world and Germany, but he was not a savior, so he couldn't.

He was a philosopher. It's just that his philosophy was world number one level, I think. He was the wisest

なコンテクスト（文脈）においては、非常に難しいところではあります、ですから、エル・カンターレが私を許してくださるのであれば、真実を説明することはできます。そうでなければ、それについては何も申し上げられません。

小林　あなたからご覧になって、なぜマルチン・ハイデガーはナチスに協力していたと思われますか。

アーレント　いえ、いえ、いえ。協力はしていませんよ。彼は、同時代の巨人でした。その時代の「世界精神」だったのです。当時の世界で一番の賢者であったと思いますし、ドイツ人やヨーロッパ人や、世界中の人々を導く責務を負っていたんです。ただ、彼は、全部はできませんでした。彼の力を超えていたからです。彼は「救世主」にはなれなかったからです。もし救世主になれていたら、世界を救えたし、ドイツも救えたでしょうが、救世主ではなかったので、救えませんでした。

　彼は「哲学者」だったのです。ただ、彼の哲学は世界一のレベルだったとは思います。ドイツの歴史上で、最高に

man in German history. We loved each other because of our love for wisdom, like Socrates. We, philosophers love wisdom, and his wisdom was a splendid one. He admitted my talent for philosophy, and I also appreciated him so much. He was very passionate and I, also, was very passionate. I was attracted to him by a magnet-like power.

But he already had his wife, and it was difficult for him to get a divorce because of his position at the university. So he unfortunately dispatched my love and he sent me to his friend, Professor Karl Jaspers. Under his guidance, I made my first, how do I say, my first original philosophy and I could publish it at the age of 23 or 24.

9 As a Prophet of the New Age

Cho My last question is regarding your relationship with Master Ryuho Okawa.

賢い人でした。彼と私は、ソクラテスのような「知(智慧)を愛する心」があったゆえに、互いに愛し合っていたのです。われわれ哲学者は智慧を愛するのであって、彼の智慧は輝くばかりのものでした。彼は私の哲学の才能を認めてくれましたし、私も彼を素晴らしい人だと思っていました。彼は非常に情熱的なタイプの人で、私も非常に情熱的でした。私は、まるで磁石のような力で彼に惹かれました。

　でも、彼にはすでに奥さんがいましたし、大学での立場というものがあるので、離婚は難しかったのです。ですから、残念ながら、彼は私の愛を遠ざけ、友人であるカール・ヤスパース教授のもとへ私を送りました。ヤスパース教授の指導のもとで、私は初めて、何と言いますか、初めて自分独自の哲学を構築して、23、4歳の時に出版することができたんです。

9　「新時代の預言者」として

長　私から最後の質問は、あなたと大川隆法総裁とのご関係についてです。

Arendt Relationship!?

Cho Relationship with Master. Because…

Arendt I did not fall in love with him in this life.

Cho No, no, no, no (laughs).

Arendt Because I passed away in 1975…

Cho You gave him a great impact, to the extent that he wrote his dissertation based on your thought (when he was in university). I assume there must have been some promise before you were born, or…

Arendt OK. It's a very, very, very, very difficult and secret question, so I can't answer you correctly. The central concept of my philosophy is *love*. And this *love* means, of course, God's Love and the love

アーレント　"関係"ですか⁉

長　総裁とのご関係です。それは……。

アーレント　私は、今回の人生では、彼と恋に落ちてはいませんよ。

長　いえいえ、違います、違います（笑）。

アーレント　私は1975年に死んでいますから……。

長　大川総裁が（学生時代に）あなたの考えを元に学術論文を書いたくらい、あなたは総裁に大きな影響を与えました。あなたが生まれる前に、何らかの"約束"があったに違いないと思うのですが、それとも……。

アーレント　分かりました。それは、実に実に難しい、秘密の質問ですので、正確に答えることはできません。私の哲学の中心概念は「愛」です。そして、その「愛」とは、もちろん「神の愛」であり、「世界に対する愛」という意

for the world. I taught this concept, and Mr. Okawa caught my concept at age 20. Directly after my death, he acquired my concept and wrote some essay about my philosophy. This was his starting point of political philosophy.

I think this is a great proof that Happy Science is not a Nazism-like political movement or religious movement. Nazism used both religious and political ways in the name of Führer, I mean, "the great dictator." But you are not. You are working in the name of God and for the love of the world, for the love of the people of the world, and this includes all people.

Master Okawa is not an exclusive person. He includes everything. He digests, I mean, he absorbs every good and evil of this world, and changes, produces and transforms them into 'the Golden Laws.' He wrote a lot of books; almost 1,500 books, I've heard. That's an incredible number, but he wants to change everything. So, I am, in this context only – "in

味です。私はこの概念を説き、大川氏は20歳の時にこの概念を掴(つか)まれました。私が死んだ直後に、私の概念を習得され、私の哲学について論文を書かれました。それが、政治哲学の出発点となったのです。

　この点が、幸福の科学がナチズム的な政治活動や宗教活動ではないということの、立派な証明であると思います。ナチズムは、"Führer（総統、指導者）フューラー"の名のもとに、「宗教的手法」と「政治的手法」の両方を使いました。Führerとは、「偉大な独裁者」という意味です。しかし、あなたがたは違います。あなたがたは、神の名のもとに、「世界への愛」のために、「世界の人々への愛」のために、働いています。それは、すべての人々を含んでおります。

　大川総裁は、排他(はいた)的な方ではありません。すべてを包含する方です。この世のあらゆる善と悪を、消化するというか吸収して、それらを「黄金の法」へと変え、生み出し、変化させていきます。数多くの本を書かれて、1,500冊近くにのぼると聞いています。信じがたい冊数ですが、総裁はすべてを変えたいのです。ですから、この文脈に限って言えば──「この文脈」というのは「哲学の文脈」と「政

this context" means philosophical context and political philosophy context – I am John the Baptist* to him.

Kobayashi Really!?

Arendt Yes.

Kobayashi John the Baptist?

Tsuiki You're the reincarnation of John the Baptist?

Arendt I don't mean to say the same person, but…

Tsuiki Your role?

Arendt My mission was…

Cho Precursor of him?

---

* A prophet of ancient Judea in "The New Testament." He baptized Jesus in the Jordan River.

治哲学の文脈」という意味ですけれども——私は大川総裁にとっての"洗礼者ヨハネ"（注）です。

小林　本当ですか!?

アーレント　はい。

小林　洗礼者ヨハネ？

立木　あなたは、洗礼者ヨハネの生まれ変わりなのですか？

アーレント　同一人物だと言う意味ではありませんが……。

立木　役割ですか。

アーレント　私の使命は……。

長　先駆者だったのでしょうか。

（注）『新約聖書』に登場する古代ユダヤの預言者。ヨルダン川でイエスに洗礼を授けた。

9 As a Prophet of the New Age

Kobayashi But maybe you really were born at that time as John the Baptist, right?

Arendt I'm a lady, so… (Laughs) I'm a lady, so I cannot say that; but in the ancient age, I experienced that kind of position. I must have been the prophet before the savior came to earth. I was one of the prophets, I think.

Tsuiki Do we know the name of the prophet?

Kobayashi Is it a prophet with another name? For example, you know, in The Old Testament?

Arendt (Laughs) You want to know that?

Kobayashi Yes. Please!!

(Audience laughs)

小林　ただ、あなたは本当に、当時、洗礼者ヨハネとして生まれていたのかもしれませんよね。

アーレント　私は女性ですから……（笑）。女性ですので、そうとは言えませんが、古代にあっては、そういう立場を経験したことはあります。救世主が地上に降りる前に現れた預言者だったはずです。預言者の一人だったと思います。

立木　私たちが名前を知っている預言者ですか。

小林　別の名前の預言者ですか。例えば、旧約聖書に出てくる？

アーレント　（笑）知りたいですか。

小林　はい。ぜひ、お願いします‼

（会場笑）

9 As a Prophet of the New Age

Arendt Hmm. Recently, the film *Hannah Arendt*[*] was released in Japan and a lot of people watched my smoking style, so I must remake my image. After that, I can say that I was a prophet. I, myself was a prophet in some meaning, but in some other meaning, I was a warrior against gigantic evil. You can see such kind of people in "The Old Testament," and you can see such kind of people after Jesus Christ, also. This is a severe question.

Kobayashi Isaiah?

Arendt Huh?

Kobayashi Isaiah?

Arendt Isaiah the first,[**] you mean?

---

[*] A German film. Its Japanese release was in 2013.
[**] A prophet who lived and prophesied in Jerusalem, the capital of the kingdom of Judah in the south, in 8th century B.C. His prophecies are in Chapter 1-39 of the Book of Isaiah in the Old Testament.

9 「新時代の預言者」として

アーレント　うーん。最近、『ハンナ・アーレント』（注1）という映画が、日本で上映されて、大勢の人々が、私がタバコを吸うときのスタイルを観ましたので、そのイメージを変えないといけないんですよ。変えた後でなら、「自分は預言者だった」と言えます。私自身が、ある意味では預言者であり、ある意味では、巨大な悪と戦う戦士でした。旧約聖書には、そういう人たちが出てきますし、イエス・キリストの後にも、そういう人たちが出てきます。厳しい質問ですね。

小林　イザヤですか。

アーレント　はい？

小林　イザヤですか。

アーレント　第一イザヤ（注2）のことですか。

（注1）ドイツ映画。日本公開は2013年。
（注2）前8世紀、南ユダ王国の首都エルサレムで活躍した預言者。第一イザヤの預言は、旧約聖書「イザヤ書」の1～39章に収められている。

9 As a Prophet of the New Age

Kobayashi Yes, yes.

Arendt Partly yes.

Kobayashi Partly yes? Then, you mean it's the second Isaiah?*

Arendt No.

Kobayashi Third?

Arendt First.

Kobayashi Oh, first! Wow! You mentioned "after Jesus Christ," so maybe in the history of the Western world, were you born in Europe before, in the modern or Middle Ages?

---

* A prophet who is presumed to have lived in the end of the Babylonian captivity, in 6th century B.C. His prophecies are in Chapter 40-55 of the Book of Isaiah.

9 「新時代の預言者」として

小林　はい、はい。

アーレント　一部は、そうです。

小林　一部は、そうなんですね。では、第二イザヤ（注）であるということですか。

アーレント　いいえ。

小林　第三ですか。

アーレント　第一です。

小林　ああ、第一イザヤですか！　すごい！　「イエス・キリストの後」とおっしゃいましたが、もしや、西洋の歴史のなかで、以前にもヨーロッパに生まれましたか、近代か中世に？

（注）前6世紀頃、バビロン捕囚時代末期の人と推定される。第二イザヤの預言は「イザヤ書」の40〜55章に収められている。

9 As a Prophet of the New Age

Arendt I was the mother of St. Augustine.

Kobayashi Oh, St. Monica?*

Arendt Yes.

Kobayashi Wow! Thank you.

Arendt (Laughs) This is not a 'good love.' Mother

---

* Saint Monica (331-387)
A Christian saint and the mother of Saint Augustine. She suffered from her husband's violence and her son Augustine's immoral way of life. But she continued to pray to God for them, with patience. Eventually, they both turned over new leaves.

アーレント　私は、聖アウグスチヌスの母親でした。

小林　ああ、聖モニカ（注）ですか。

アーレント　そうです。

小林　すごい！　ありがとうございます。

アーレント　（笑）"正しい愛"とは言えませんね。母親と

（注）聖モニカ（331 - 387）
キリスト教の聖人で、聖アウグスチヌスの母。夫の暴力や、息子・アウグスチヌスの放蕩に悩まされたが、モニカは忍耐強く神に祈り続け、やがて夫も息子も回心した。

and her son. It's almost the same as St. Mary and Jesus Christ. Oh, no… it's not so good.

Kobayashi OK. Thank you very much for letting us interview you. A lot of splendid knowledge and wisdom have come down to us. Thank you very much.

Arendt I expect a lot from you.

Be brave. Be active.

And become "thinkable people."

And of course, your desire must conquer every kind of discrimination in the world.

You received a new savior.

You must convey this good news, all over the world.

I have hope in you, a lot.

I am Isaiah of the new age.

Interviewers Thank you very much.

息子ですから。聖母マリアとイエス・キリストみたいなものです。ああ、いえ……あまり正しくありませんね。

小林　分かりました。インタビューをさせていただき、本当にありがとうございました。数多くの素晴らしい知識と智慧を地上に降ろしていただきました。まことにありがとうございます。

アーレント　あなたがたには、たいへん期待しています。
　勇気を持ってください。行動的であってください。
　「考えることのできる人間」になってください。
　そして、当然、あなたがたの願いは、この世界のあらゆる差別に打ち克たねばなりません。
　あなたがたは、新たな救世主をお迎えしたのです。
　この福音を、全世界に告げ知らせねばなりません。
　大いに期待しています。
　私は、新時代のイザヤなのです。

質問者たち　本当にありがとうございました。

10 After the Spiritual Message — Freedom and the Love of God

Ryuho Okawa OK. (Claps twice) Thank you very much. She tried you a lot by questioning and interviewing you. Have you passed her test? Do you have any confidence that you passed or got splendid marks from her (laughs)?

Kobayashi Maybe we were OK. Thank you.

Ryuho Okawa Maybe one of the most wise ladies of the 20th century, I think. She wants to teach me to release all the suppressed people of the world, in the new name of God. She wants to advise me to release the people who are chained by old religions.

We must add a new meaning to the word, *freedom*. Freedom includes God's Love. It's her mission to teach us that, I think. Thank you very much.

10　霊言を終えて
──「自由」と「神の愛」

大川隆法　はい。(二回手を叩く)　どうもありがとうございました。彼女から質問されたり、インタビューされたりして、ずいぶん試されましたね。彼女のテストにパスしたでしょうか。合格できた自信や、いい点数をいただけた自信はありますか(笑)。

小林　たぶん、大丈夫かと思います。ありがとうございます。

大川隆法　たぶん、20世紀最高の賢い女性の一人であると思います。彼女は私に、「新たな神の名のもとに、全世界の抑圧されし人々を、解放せよ」と教えたいのでしょう。「古い宗教によって鎖につながれている人々を、解放せよ」と助言したいのでしょう。
　「自由」という言葉に、新たな意味を付け加えなくてはなりませんね。「自由」は「神の愛」を含んでいるのです。それを私たちに教えてくれることが、彼女の使命なのだと思います。どうもありがとうございました。

『ハンナ・アーレント　スピリチュアル講義
「幸福の革命」について』
大川隆法著作関連書籍
＊は幸福実現党刊、他は幸福の科学出版刊

『安倍新総理スピリチュアル・インタビュー』＊
『国家社会主義とは何か』
『金正恩の本心直撃！』＊
『中国と習近平に未来はあるか』＊
『ロシア・プーチン大統領と帝国の未来』＊
『プーチン大統領の新・守護霊メッセージ』
『安重根は韓国の英雄か、それとも悪魔か』
『朴槿惠韓国大統領　なぜ、私は「反日」なのか』
『太陽の法』
『ＮＨＫ新会長・籾井勝人守護霊本音トーク・スペシャル』
『公開霊言　東條英機、「大東亜戦争の真実」を語る』
『「首相公邸の幽霊」の正体』
『原爆投下は人類への罪か？』
『バラク・オバマのスピリチュアル・メッセージ』＊
『オバマ大統領の新・守護霊メッセージ』
『マルクス・毛沢東のスピリチュアル・メッセージ』

ハンナ・アーレント　スピリチュアル講義
「幸福の革命」について

2014年6月3日　初版第1刷

著　者　　大川　隆法

発行所　　幸福の科学出版株式会社

〒107-0052 東京都港区赤坂2丁目10番14号
TEL(03) 5573-7700
http://www.irhpress.co.jp/

印刷・製本　　株式会社 堀内印刷所

落丁・乱丁本はおとりかえいたします
©Ryuho Okawa 2014. Printed in Japan. 検印省略
ISBN 978-4-86395-475-5 C0030
Photo：時事フォト／アフロ

大川隆法 ベストセラーズ・法シリーズより

忍耐の法
「常識」を逆転させるために

第1章　スランプの乗り切り方
　　　　——運勢を好転させたいあなたへ
第2章　試練に打ち克つ
　　　　——後悔しない人生を生き切るために
第3章　徳の発生について
　　　　——私心を去って「天命」に生きる
第4章　敗れざる者
　　　　——この世での勝ち負けを超える生き方
第5章　常識の逆転
　　　　——新しい時代を拓く「真理」の力

2,000円

法シリーズ第20作

人生のあらゆる苦難を乗り越え、夢や志を実現させる方法が、この一冊に——。混迷の現代を生きるすべての人に贈る待望の「法シリーズ」第20作!

太陽の法
エル・カンターレへの道

創世記や愛の段階、悟りの構造、文明の流転を明快に説き、主エル・カンターレの真実の使命を示した、仏法真理の基本書。

2,000円

幸福の科学出版

大川隆法 ベストセラーズ・著者の政治哲学に迫る

政治革命家・大川隆法
幸福実現党の父

未来が見える。嘘をつかない。タブーに挑戦する——。政治の問題を鋭く指摘し、具体的な打開策を唱える幸福実現党の魅力が分かる万人必読の書。

1,400円

大川隆法の守護霊霊言
ユートピア実現への挑戦

あの世の存在証明による霊性革命、正論と神仏の正義による政治革命。幸福の科学グループ創始者兼総裁の本心が、ついに明かされる。

1,400円

政治の理想について
幸福実現党宣言②

幸福実現党の立党理念、政治の最高の理想、三億人国家構想、交通革命への提言など、この国と世界の未来を語る。

1,800円

※表示価格は本体価格（税別）です。

大川隆法ベストセラーズ・「幸福の科学大学」の新たな哲学

政治哲学の原点
「自由の創設」を目指して

政治は何のためにあるのか。真の「自由」、真の「平等」とは何か──。全体主義を防ぎ、国家を繁栄に導く「新たな政治哲学」が、ここに示される。

1,500 円

法哲学入門
法の根源にあるもの

ヘーゲルの偉大さ、カントの功罪、そしてマルクスの問題点──。ソクラテスからアーレントまでを検証し、法哲学のあるべき姿を探究する。

1,500 円

「人間幸福学」とは何か
人類の幸福を探究する新学問

「人間の幸福」という観点から、あらゆる学問を再検証し、再構築する──。数千年の未来に向けて開かれていく学問の源流がここにある。

1,500 円

幸福の科学出版

大川隆法ベストセラーズ・英語説法&世界の指導者の本心

Power to the Future
未来に力を

英語説法集 日本語訳付き

予断を許さない日本の国防危機。混迷を極める世界情勢の行方——。ワールド・ティーチャーが英語で語った、この国と世界の進むべき道とは。

1,400円

オバマ大統領の新・守護霊メッセージ

日中韓問題、TPP交渉、ウクライナ問題、安倍首相への要望……。来日直前のオバマ大統領の本音に迫った、緊急守護霊インタビュー！

1,400円

プーチン大統領の新・守護霊メッセージ

独裁者か？ 新時代のリーダーか？ ウクライナ問題の真相、アメリカの矛盾と限界、日ロ関係の未来など、プーチン大統領の驚くべき本心が語られる。

1,400円

※表示価格は本体価格（税別）です。

大川隆法 ベストセラーズ・全体主義と自由をめぐって

ハイエク「新・隷属への道」
「自由の哲学」を考える

消費増税、特定秘密保護法、中国の覇権主義についてハイエクに問う。20世紀を代表する自由主義思想の巨人が天上界から「特別講義」！

1,400円

「忍耐の時代」の外交戦略 チャーチルの霊言

もしチャーチルなら、どんな外交戦略を立てるのか？"ヒットラーを倒した男"が語る、ウクライナ問題のゆくえと日米・日ロ外交の未来図とは。

1,400円

サッチャーのスピリチュアル・メッセージ
死後19時間での奇跡のインタビュー

フォークランド紛争、英国病、景気回復……。勇気を持って数々の難問を解決し、イギリスを繁栄に導いたサッチャー元首相が、日本にアドバイス！

英語霊言 日本語訳付き

1,300円

幸福の科学出版

大川隆法 霊言シリーズ・**全体主義者の本心と末路**

中国と習近平に未来はあるか
反日デモの謎を解く

「反日デモ」も、「反原発・沖縄基地問題」も中国が仕組んだ日本占領への布石だった。緊迫する日中関係の未来を習近平氏守護霊に問う。
【幸福実現党刊】

1,400円

国家社会主義とは何か
公開霊言 ヒトラー・菅直人守護霊・胡錦濤守護霊・仙谷由人守護霊

民主党政権は、日米同盟を破棄し、日中同盟を目指す！？ 菅直人首相と仙谷由人官房長官がひた隠す本音とは。

1,500円

マルクス・毛沢東のスピリチュアル・メッセージ
衝撃の真実

共産主義の創唱者マルクスと中国の指導者毛沢東。思想界の巨人としても世界に影響を与えた、彼らの死後の真価を問う。

1,500円

※表示価格は本体価格（税別）です。

大川隆法 ベストセラーズ・英日対訳霊言で同時代を読む

アサド大統領の
スピリチュアル・メッセージ

混迷するシリア問題の真相を探るため、アサド大統領の守護霊霊言に挑む――。恐るべき独裁者の実像が明らかに！

英語霊言
日本語訳付き

1,400円

ネルソン・マンデラ
ラスト・メッセージ

英語霊言
日本語訳付き

人種差別と戦い、27年もの投獄に耐え、民族融和の理想を貫いた偉大なる指導者ネルソン・マンデラ。その「復活」のメッセージを全世界の人びとに！

1,400円

守護霊インタビュー
駐日アメリカ大使
キャロライン・ケネディ
日米の新たな架け橋

英語霊言
日本語訳付き

先の大戦、歴史問題、JFK暗殺の真相……。親日派とされるケネディ駐日米国大使の守護霊が語る、日本への思いと日米の未来。

1,400円

幸福の科学出版

大川隆法 ベストセラーズ・「神の愛」を知るために

真実への目覚め
幸福の科学入門（ハッピー・サイエンス）

2010年11月、ブラジルで行われた全5回におよぶ講演が待望の書籍化！ いま、ワールド・ティーチャーは、世界に語りはじめた。

1,500円

愛、無限
偉大なる信仰の力

真実の人生を生きる条件、劣等感や嫉妬心の克服法などを解き明かし、主の無限の愛と信仰の素晴らしさを示した現代の聖書。

1,600円

愛の原点
優しさの美学とは何か

この地上を優しさに満ちた人間で埋めつくしたい――。いちばん大切な教えである愛の教えを限りなく純粋に語った書。

1,500円

※表示価格は本体価格（税別）です。

幸福の科学グループのご案内

宗教、教育、政治、出版などの活動を通じて、地球的ユートピアの実現を目指しています。

宗教法人　幸福の科学

1986年に立宗。1991年に宗教法人格を取得。信仰の対象は、地球系霊団の最高大霊、主エル・カンターレ。世界100カ国以上の国々に信者を持ち、全人類救済という尊い使命のもと、信者は、「愛」と「悟り」と「ユートピア建設」の教えの実践、伝道に励んでいます。

（2014年5月現在）

愛

幸福の科学の「愛」とは、与える愛です。これは、仏教の慈悲や布施の精神と同じことです。信者は、仏法真理をお伝えすることを通して、多くの方に幸福な人生を送っていただくための活動に励んでいます。

悟り

「悟り」とは、自らが仏の子であることを知るということです。教学や精神統一によって心を磨き、智慧を得て悩みを解決すると共に、天使・菩薩の境地を目指し、より多くの人を救える力を身につけていきます。

ユートピア建設

私たち人間は、地上に理想世界を建設するという尊い使命を持って生まれてきています。社会の悪を押しとどめ、善を推し進めるために、信者はさまざまな活動に積極的に参加しています。

海外支援・災害支援

国内外の世界で貧困や災害、心の病で苦しんでいる人々に対しては、現地メンバーや支援団体と連携して、物心両面にわたり、あらゆる手段で手を差し伸べています。

自殺を減らそうキャンペーン

年間約3万人の自殺者を減らすため、全国各地で街頭キャンペーンを展開しています。

公式サイト **www.withyou-hs.net**

ヘレンの会

ヘレン・ケラーを理想として活動する、ハンディキャップを持つ方とボランティアの会です。視聴覚障害者、肢体不自由な方々に仏法真理を学んでいただくための、さまざまなサポートをしています。

公式サイト **www.helen-hs.net**

INFORMATION

お近くの精舎・支部・拠点など、お問い合わせは、こちらまで！
幸福の科学サービスセンター
TEL. **03-5793-1727** (受付時間 火〜金:10〜20時／土・日:10〜18時)
宗教法人 幸福の科学公式サイト **happy-science.jp**

教育

学校法人 幸福の科学学園

学校法人 幸福の科学学園は、幸福の科学の教育理念のもとにつくられた教育機関です。人間にとって最も大切な宗教教育の導入を通じて精神性を高めながら、ユートピア建設に貢献する人材輩出を目指しています。

幸福の科学学園

中学校・高等学校（那須本校）
2010年4月開校・栃木県那須郡（男女共学・全寮制）
TEL 0287-75-7777
公式サイト happy-science.ac.jp

関西中学校・高等学校（関西校）
2013年4月開校・滋賀県大津市（男女共学・寮及び通学）
TEL 077-573-7774
公式サイト kansai.happy-science.ac.jp

幸福の科学大学（仮称・設置認可申請中）
2015年開学予定
TEL 03-6277-7248（幸福の科学 大学準備室）
公式サイト university.happy-science.jp

仏法真理塾「サクセスNo.1」 TEL 03-5750-0747（東京本校）
小・中・高校生が、信仰教育を基礎にしながら、「勉強も『心の修行』」と考えて学んでいます。

不登校児支援スクール「ネバー・マインド」 TEL 03-5750-1741
心の面からのアプローチを重視して、不登校の子供たちを支援しています。
また、障害児支援の「ユー・アー・エンゼル!」運動も行っています。

エンゼルプランV TEL 03-5750-0757
幼少時からの心の教育を大切にして、信仰をベースにした幼児教育を行っています。

シニア・プラン21 TEL 03-6384-0778
希望に満ちた生涯現役人生のために、年齢を問わず、多くの方が学んでいます。

NPO活動支援

学校からのいじめ追放を目指し、さまざまな社会提言をしています。また、各地でのシンポジウムや学校への啓発ポスター掲示等に取り組むNPO「いじめから子供を守ろう！ネットワーク」を支援しています。

ブログ mamoro.blog86.fc2.com
公式サイト mamoro.org
相談窓口 TEL.03-5719-2170

政治

幸福実現党

内憂外患(ないゆうがいかん)の国難に立ち向かうべく、2009年5月に幸福実現党を立党しました。創立者である大川隆法党総裁の精神的指導のもと、宗教だけでは解決できない問題に取り組み、幸福を具体化するための力になっています。

党員の機関紙
「幸福実現NEWS」

TEL 03-6441-0754
公式サイト hr-party.jp

出版メディア事業

幸福の科学出版

大川隆法総裁の仏法真理の書を中心に、ビジネス、自己啓発、小説など、さまざまなジャンルの書籍・雑誌を出版しています。他にも、映画事業、文学・学術発展のための振興事業、テレビ・ラジオ番組の提供など、幸福の科学文化を広げる事業を行っています。

アー・ユー・ハッピー？
are-you-happy.com

ザ・リバティ
the-liberty.com

幸福の科学出版
TEL 03-5573-7700
公式サイト irhpress.co.jp

ザ・ファクト
マスコミが報道しない「事実」を世界に伝えるネット・オピニオン番組

Youtubeにて随時好評配信中！

ザ・ファクト 検索

入 会 の ご 案 内

あなたも、幸福の科学に集い、ほんとうの幸福を見つけてみませんか？

幸福の科学では、大川隆法総裁が説く仏法真理をもとに、
「どうすれば幸福になれるのか、また、
他の人を幸福にできるのか」を学び、実践しています。

入会

大川隆法総裁の教えを信じ、学ぼうとする方なら、どなたでも入会できます。入会された方には、『入会版「正心法語」』が授与されます。（入会の奉納は1,000円目安です）

ネットでも入会できます。詳しくは、下記URLへ。
happy-science.jp/joinus

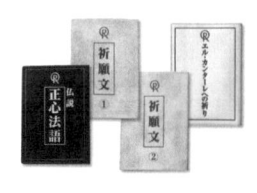

三帰誓願（さんきせいがん）

仏弟子としてさらに信仰を深めたい方は、仏・法・僧の三宝への帰依を誓う「三帰誓願式」を受けることができます。三帰誓願者には、『仏説・正心法語』『祈願文①』『祈願文②』『エル・カンターレへの祈り』が授与されます。

植福の会（しょくふくのかい）

植福は、ユートピア建設のために、自分の富を差し出す尊い布施の行為です。布施の機会として、毎月1口1,000円からお申込みいただける、「植福の会」がございます。

「植福の会」に参加された方のうちご希望の方には、幸福の科学の小冊子（毎月1回）をお送りいたします。詳しくは、下記の電話番号までお問い合わせください。

月刊「幸福の科学」　ザ・伝道
ヤング・ブッダ　ヘルメス・エンゼルズ

INFORMATION

幸福の科学サービスセンター
TEL. 03-5793-1727（受付時間 火～金：10～20時／土・日：10～18時）
宗教法人 幸福の科学 公式サイト **happy-science.jp**